W0190468

Stuttgart

von Roland Mischke

Roland Mischke, in Chemnitz geboren, studierte in Berlin Evangelische Theologie und Germanistik. Er arbeitete bei verschiedenen Tageszeitungen, unter anderem auch bei der FAZ, schrieb zwei Sachbücher und mehr als ein Dutzend Reiseführer. Nach 25 Jahren Zwischenstopp in Frankfurt am Main lebt er wieder in Berlin.

www.vistapoint.de

Top 10 & Mein Stuttgart

Stadttour   mit Detailkarte

Streifzüge

Vista Points – Sehenswertes

Erleben & Genießen

Chronik

Service von A–Z

Zeichenerklärung

 Top 10
Das sollte man gesehen haben

 Mein Stuttgart
Lieblingsplätze des Autors

 Vista Point
Museen, Galerien, Architektur und andere Sehenswürdigkeiten

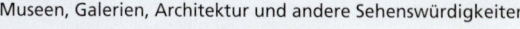

 Kartensymbol: Verweist auf das entsprechende Planquadrat der ausfaltbaren Karte bzw. der Detailpläne im Buch.

Willkommen in Stuttgart

Wenn Umfragen zur Bürgerzufriedenheit Recht haben, dann sind die Stuttgarter mit ihrer Stadt außerordentlich zufrieden. Sie belegt in mehrerer Hinsicht immer einen der ersten Plätze: Deutschlands Musical-Hauptstadt, Mineralbäder, gute Einkaufsmöglichkeiten, alles nahe beieinander; Staatsgalerie, Bachakademie, hervorragendes Freizeitangebot, viele Gartenwirtschaften, hohes Niveau der Gastronomie, geringe Kriminalität, starke Wirtschaft, gesunder Mittelstand sowie Wälder, Wiesen, Obstgärten und Weinberge ringsumher. Als Trumpf gilt auch, dass die Einheimischen, die gern mal »a Viertele schlotzen«, aus einem großen schwäbischen wie internationalen Angebot an guten Tropfen wählen können.

Nirgendwo lernt man als Zugereister eine Stadt besser kennen als an ihren Wirtshaustischen. Daran mangelt es in Stuttgart nicht. Gegessen werden Maultaschen, handgeschabte Spätzle, Linsen- und Saitenwürstle oder Schwäbischer Rostbraten. Kulinarisch ist man traditionell. Auch das als heilkräf-

Seerosenteich des zoologisch-botanischen Gartens Wilhelma

tig geltende, prickelnde Mineralwasser, das aus Quellen im Stadtgebiet sprudelt, wird sehr geschätzt. Eine gute Gelegenheit, Stuttgart und Stuttgarter kennen zu lernen, ist der Besuch eines Festes. Das Cannstatter Volksfest im September ist Deutschlands zweitgrößtes Fest, es wird seit mehr als 150 Jahren gefeiert. Der Weihnachtsmarkt gehört zu den schönsten in Europa.

Die schwäbische Metropole bildet das unbestrittene urbane Zentrum des deutschen Südwestens. In der Welt von Forschung, Entwicklung und Lehre hat der Name dieser Stadt einen vorzüglichen Klang, und das hat nicht nur mit »dem Daimler« und Porsche zu tun. Stuttgart gilt auf vielen Gebieten als europäisches Innovationszentrum. Fleißig waren die Stuttgarter immer schon. Aber die schwäbische Behäbigkeit, die manche ihnen nachsagen, ist einer internationalen Orientierung gewichen.

Es gibt Nicht-Schwaben, die behaupten, die 440 Stuttgarter Stäffele, die vom Tal auf die Höhen hinaufführen, seien das beste Sinnbild für die schwäbische Mentalität: Erst wenn man im Schweiße seines Angesichts hinaufgestiegen ist, darf man den Blick genießen – auf eine arbeitsame und wohlhabende Stadt.

Top 10: Das sollte man gesehen haben

1 Neues Schloss
S. 11, 45 ➡ F3
Einmal war für die sparsamen Schwaben Versailles der Maßstab! Prunkvoll, wiederaufgebaut nach dem Krieg, mit modernen Inneneinrichtungen wird hier repräsentiert.

2 Altes Schloss
S. 12, 31 ➡ F3
Hier liegen die Anfänge der Stadt, von *stuotgarten*, Gestüt der Pferde Herzog Luitolfs von Schwaben, ist der Name Stuttgart abgeleitet. Heute residiert in dem Gebäude das Württembergische Landesmuseum.

3 Neue Staatsgalerie
S. 14, 37 f. ➡ F4
Hochklassizismus, vermählt mit einem postmodernen Bau. Ein Fest für Architekturbegeisterte, weil mit sämtlichen historischen Bauformen ironisch gespielt wird.

4 Wilhelma
S. 14 f., 49 ➡ A6
Das schönste Gesamtkunstwerk der Schwabenmetropole, in das

neben Bauten auch die Tierwelt und die Natur einbezogen sind.

5 Staatstheater
S. 15 f., 63, 64 ➡ F3
Personell gesehen wird kein anderes Theater mit mehr Aufwand betrieben. Das renommierte Haus – ein Bau des späten Historismus mit modernen Zubauten – ist mehrfach preisgekrönt.

6 Hegel-Haus
S. 30 f. ➡ G3
Stuttgarts größter Philosoph, der Erfinder des dialektischen Denkens als Fortschrittsmethode, hat weit über den Talkessel hinausgedacht.

7 Mercedes-Benz Museum
S. 34 ff. ➡ D10
Ein kühner, futuristischer Bau, angereichert mit der Daimler-Story und der ganzen Vier-Reifen-Pracht seit Beginn des Unternehmens getreu des Mottos »Zukunft braucht Herkunft«.

8 Stuttgarter Fernsehturm
S. 41 ➡ aC3
Der erste Fernsehturm der Welt sieht gar nicht müde aus, von ihm hat man einen großartigen Rundumblick.

9 Schloss Solitude
S. 46 ➡ aC2
Auch beim Rokoko-Lustschloss

Fast alle Großen der Bauhaus-Garde haben hier 1927 im Rahmen einer vom Deutschen Werkbund initiierten Ausstellung ihre steinernen Visitenkarten hinterlassen.

haben die Schwaben nicht gespart, es gehört zu den heitersten Gebäuden der Stadt.

 Weissenhofsiedlung
S. 48 f. ➡ B2

Mein Stuttgart
Lieblingsplätze des Autors

Liebe Leser,
dies sind einige besondere Orte in der Stadt, an die ich immer wieder gerne zurückkehre. Eine schöne Zeit in Stuttgart wünscht Ihnen

Roland Mischke

 Cannstatter Carré
S. 40 ➡ A8
Ein gelungener Mischkomplex aus Büros, Shoppen und Gastronomie auf 23 000 Quadratmeter, der die Aufgabe eines Stadtteilzentrums erfüllt.

 Grabkapelle auf dem Württemberg
S. 42 f. ➡ aC4
Dieser Platz ist den Schwaben heilig, ihr König Wilhelm I. ließ sich hier neben seiner großen Liebe bestatten. Viel Rührung und Blumen.

 **Markthalle**
S. 44 f. ➡ F3
Das ist bestimmt Deutschlands schönster Basar im Jugendstil mit Arkaden und farbigen Fresken und zudem ein kompakter multikultureller Ort für Frische und feine Lebensart.

 Stiftskirche
S. 47 f. ➡ F3
Liebenswert wegen der ungleichen Türme und der Skulptur des Schutzmantelchristus im karg-protestantischen Innenraum.

 Verwaltungsgebäude der Züblin AG
S. 48 ➡ aC2
Der 2010 verstorbene Architekt Gottfried Böhm hinterließ ein kleines Meisterwerk von kühnem Schwung, das dem Auge gut tut.

Stadttour

Ein Rundgang durch Stuttgart

Vormittag
Hauptbahnhof – Königstraße – Schlossplatz – Neues Schloss – Schillerplatz – Altes Schloss – Marktplatz – Rathaus – Staatsgalerie.

Mittag
Café-Restaurant »Das Gast«
Konrad-Adenauer-Str. 30–32 (in der
Neuen Staatsgalerie)
℡ (07 11) 67 27 17 34, www.das-gast.de
Di/Mi, So 10–24, Do–Sa 10–1 Uhr.

Nachmittag
Wilhelma – Oberer Schlossgarten – Staatstheater – Mittlerer Schloss-
garten – Carl-Zeiss-Planetarium – Design Center Willy-Bleicher-Straße
– Universität – Hegelplatz – Linden-Museum – Hoppenlau-Friedhof –
Liederhalle – Calwer Straße.

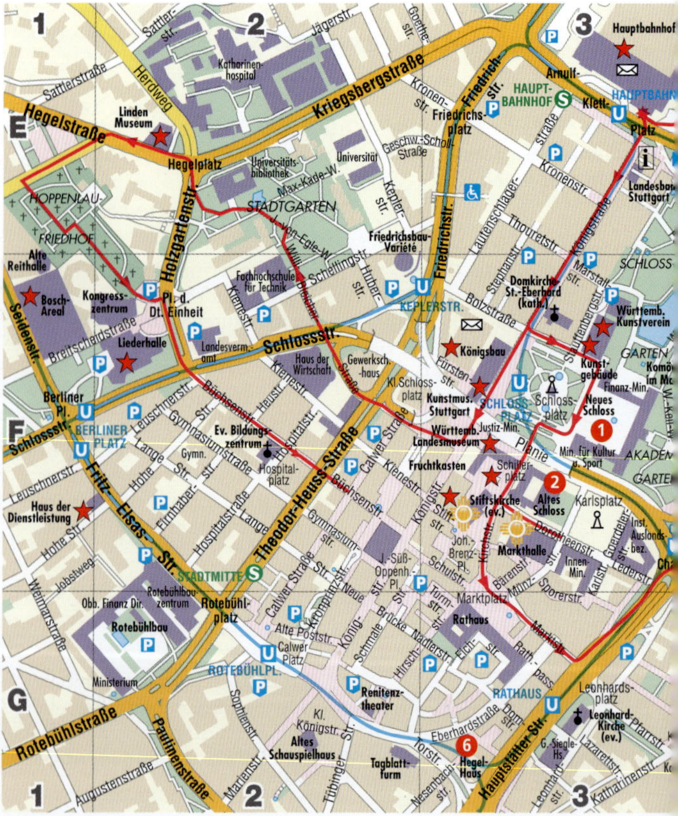

Noch ist er in seiner heutigen Gestalt zu sehen: der denkmalgeschützte Hauptbahnhof im Stil der Neuen Sachlichkeit

Betrachten wir den **Hauptbahnhof** ➡ E3, solange er noch – in dieser Gestalt – zu sehen ist. Das Stuttgarter Wahrzeichen wurde zwischen 1914 und 1927 im seinerzeit populären Stil der Neuen Sachlichkeit erbaut. Er gab der alten Residenzstadt ein modernes Gesicht. Heute ist das mit Muschelkalkquadern verkleidete architektonische Glanzstück, überragt von einem 58 Meter hohen Turm, ein nostalgischer Anblick. Die Besucherplattform mit Bistro im achten Stockwerk, Turmforum Stuttgart genannt, bietet einen fantastischen Rundumblick über die Hügel der Stadt, die »Stäffele«. Der Kopfbahnhof, Vorbild für viele technische Bauten moderner Architektur, wurde nach dem Zweiten Weltkrieg unter dem Arnulf-Klett-Platz (benannt nach dem Stuttgarter Oberbürgermeister von 1945 bis 1974) mit einem U- und S-Bahn-Terminal verbunden. Dazu gehören auch die Klett-Passagen, ein großer, weit verzweigter unterirdischer Einkaufsbereich.

Das Bahnhofsgebäude und das Gebiet um das gewaltige Gleisareal, so groß wie zehn Fußballfelder, sollen in den nächsten Jahren für eine geschätzte Bausumme von mindestens acht Milliarden Euro grundlegend verändert werden. Andere Schätzungen reichen bis zu zwölf Milliarden Euro. Die Gleise werden unter die Erde gelegt, aus dem Kopf- wird ein Durchgangsbahnhof. An Stelle der Gleise entstehen neue Straßen und ein Gewerbepark, Geschäfts- und Wohnhäuser, Flanierzonen und kleine Plätze. Das Bahnhofsgebäude wird zum Treff- und Begegnungspunkt der Stuttgarter und ihrer Gäste, zum Einkaufs- und Erlebnisraum mit einer gigantischen Rolltreppen- und Laufbandlandschaft umfunktioniert.

»Stuttgart 21« heißt das Projekt, eines der ambitioniertesten unter den europäischen Stadtplanungen.

Unrentable Gleisflächen werden zu attraktiven, innerstädtischen Grundstücken. Stuttgart erhält direkt neben seiner Innenstadt eine zweite City. Bis 2014 sollen die Gleise verschwunden und der Bahnhof umgestaltet sein, danach wird mit dem Städtebau begonnen. Das Projekt ist auf etwa 20 Jahre angelegt. Geplant ist eine eher kleinteilige Bebauung mit gemischten Quartieren für Wohnen und Arbeiten sowie 24 Hektar Parkflächen, der Rosensteinpark und der Schlossgarten werden vergrößert. Die Linien und Straßen der Gründerzeit werden fortgeführt. Das neue Viertel wird organisch mit der vorhandenen Topographie verbunden. Die Verwirklichung dieses Mega-Projekts werden Reisende in den nächsten Jahren verfolgen können. Im Turmforum sind die anstehenden Umbaumaßnahmen dokumentiert.

Die vom Hauptbahnhof abgehende **Königstraße** ➜ E3–G2, die über eine Rolltreppe erreicht wird, ist Stuttgarts Einkaufsstraße Nummer eins, aber auch eine Straße zum Sehen und Gesehenwerden, ein Parcours für Flaneure, Verliebte und Müßiggänger in Cafés. In der warmen Jahreszeit ist die gesamte Fußgängerzone mit Gestühl besetzt – und ein Ort der Begegnung mit Straßenmusikanten, Gauklern, Tänzern und anderen Kleinkünstlern. Bis zu Beginn des 19. Jahrhunderts war die Königstraße in ihrem oberen Verlauf noch Teil der befestigten Stadtgrenze. Der älteste Teil der Straße sind die Katakomben in der Königstraße 44. Der Gewölbekeller unter einem Ladengeschäft stammt aus dem 16. Jahrhundert. Es ist möglich, sich diesen unterirdischen Teil anzuschauen.

Nirgendwo in Baden-Württembergs Hauptstadt wird mehr Geld umgesetzt als an der Königstraße. Anders als in anderen Großstädten ist das Einzelhandelsangebot in Stuttgart auf engstem Raum zu finden, alle großen Modenamen der Welt haben hier eine Adresse. Die Königstraße, noch in den Jahren nach dem Zweiten Weltkrieg von Autos und Straßenbahnen durchquert, ist eine der angenehmsten großstädtischen Bummelmeilen. Mit Restaurants, Cafés und Kneipen, Boutiquen, Fachgeschäften und Kaufhäusern sowie Ruhezonen mit vielen Bänken empfehlen sich neben der König- auch Eberhardstraße, Büchsen- und Kronprinzstraße, Marktplatz und Schulstraße (die übrigens Deutschlands erste Fußgängerzone war). Auch Calwer Passage, Karls-Passage und Schwaben-Zentrum sind Anziehungspunkte für Shopper.

Nächtlich illuminiert: das Neue Schloss mit Schlossbrunnen

Zwischen den vielen Neubauten der Nachkriegszeit treten die älteren Gebäude als optisch starker Kontrast hervor: die katholische **Domkirche St. Eberhard** ➧ F3 von 1808, deren Glockenturm nach der Zerstörung 1944 wieder aufgebaut wurde, und der **Marquardt-Bau**, in dem sich das Theater »Komödie im Marquardt« befindet. Bald ist der **Schlossplatz** ➧ F3 erreicht, einer der schönsten Plätze der Stadt. Der Blick fällt auf den **Königsbau**, der mit seiner mächtigen Kolonnade recht imposant wirkt. Das Zentrum des Schlossplatzes bildet die 1841 zum 25-jährigen Regierungsjubiläum König Wilhelms I. errichtete, 30 Meter hohe Jubiläumssäule.

Ein goldener Hirsch, das württembergische Wappentier, krönt die Kuppel des Kunstgebäudes

Die Südseite des Platzes dominiert das monumentale  **Neue Schloss** ➧ F3, das zwischen 1746 und 1807 errichtet wurde. Im Zweiten Weltkrieg zerstört, wurde es wieder aufgebaut und im Innern mit modernen Einrichtungen versehen. Die Architekten, die das Projekt begleiteten, folgten bei ihrer Gestaltung dem Vorbild des Schlosses von Versailles bei Paris. Die drei Flügel des Stuttgarter Schlosses sind auf den Ehrenhof zugeschnitten, dieser wiederum ist auf den Schlossplatz ausgerichtet. Eine Reihe von Statuen schmückt die Balustradenbrüstung des Mittelbaus. Herausragend präsentiert sich der Doppelsäulenportikus mit seinem überschwänglich ornamentierten Dreiecksgiebel. Als besonders harmonischer Bau gilt der zum Eckensee hin gewandte Gartenflügel. Die Landesregierung nutzt das Schloss für Repräsentationszwecke. Vom Eingang bis zum Ehrenhof blicken Löwe und Hirsch, Württembergs Wappentiere, auf den Schlossplatz. Das Ambiente ist für Stadtflaneure eine hervorragende Kulisse. Sehr beliebt sind die Freiluftcafés in der warmen Jahreszeit, in denen man sitzen und plaudern kann, wobei man wahrhaft fürstlich gerahmt ist.

Das **Kunstgebäude** ➧ F3 am Schlossplatz mit dem goldenen Hirsch auf seiner Kuppel entstand 1912/13. In seinen Räumen befindet sich der Württembergische Kunstverein, der Ausstellungen zeitgenössischer Künstler aus aller Welt zeigt.

Die Südwestseite des Platzes ist begrenzt von **Planie** und **Alter Kanzlei**, dahinter befindet sich der **Schillerplatz** ➧ F3. Der Dichter Friedrich Schiller, nach dem der Platz benannt wurde und dessen Denkmal ihn ziert, war der berühmteste Schüler der Karlsschule zu Stuttgart, einer Gründung von Herzog Karl Eugen.

Den Abschluss zum Schlossplatz bildet der **Königin-Olga-Bau**, in dem die Dresdner Bank zu Hause ist. Zuvor stand hier die »Danneckerei«, so benannt nach dem Hofbildhauer Johann Heinrich Dannecker, einem Freund Schillers, der hier sein Atelier hatte und Stichwortgeber für die Einrichtung eines Antikensaals war.

Nahebei schmückt seit 2005 ein 67 Millionen Euro teurer Glaskubus, das neue **Kunstmuseum Stuttgart** ➧ F3. Der noble, aber schlichte Bau schließt eine Lücke in der Königstraße, in respektvoller Distanz zum

Im Innenhof des Alten Schlosses: das Reiterstandbild Graf Eberhards im Bart

altehrwürdigen Königsbau und dem Schloss gegenüber. Zugleich besetzt er rückwärtig den Kleinen Schlossplatz, eine jahrzehntelange Citybrache. So steht das Kunstmuseum in exponierter Lage auf dem teuersten Baugrund der Stadt. Schwaben mögen grundsätzlich sparsam sein, aber mit diesem Gebäude haben sie sich etwas geleistet. Nachts wird es zur weithin sichtbaren Lichtquelle, die intensiv auf die Stadt abstrahlt. Im Innern sind lauter Hochkaräter ausgestellt, darunter die Sammlung der Galerie der Stadt Stuttgart.

Wo einst die Pferde Herzogs Luitolf von Schwaben weideten – von *stuotgarten* (Gestüt) leiten sich Stadtname und Wappen ab – steht heute das ❷ **Alte Schloss** ➡ F3 aus dem 16. Jahrhundert, hervorgegangen aus einer kleinen Wasserburg, die mit Verlegung der Residenz der Grafen von Württemberg nach Stuttgart ausgebaut wurde. Im Stadtflügel entstand, 1562 eingeweiht, die Schlosskirche mit Königsgruft. Das Schloss wurde bei Bränden stark beschädigt. Immer wieder aufgebaut ist es heute Sitz des Württembergischen Landesmuseums. Hoch zu Ross im von Arkaden umsäumten Innenhof beobachtet Graf Eberhard im Barte das Treiben dort.

Über die Kirchstraße erreicht man den **Marktplatz** ➡ G3, an dessen Südseite das Mitte der 1950er-Jahre erbaute **Rathaus** steht, nicht unbedingt eine architektonische Glanzleistung. Den nüchternen Zweckbau überragt der 60 Meter hohe **Rathausturm**, in dem 30 Glocken zu unterschiedlichen Tageszeiten schwäbische Volksweisen spielen. Einer gewissen Berühmtheit erfreut sich der letzte öffentliche Paternoster

Im Alten Schloss kann der Kronschatz der württembergischen Könige bewundert werden

Spätzle

Das ganze Geheimnis der Herstellung leckerer Spätzle liegt darin, dass sie mit aufrichtiger Vorfreude auf den Essgenuss zubereitet werden. Geschieht das Schaben mechanisch, nur auf Tempo bedacht, heißen die Dinger, die beim Schabevorgang ins brodelnde Wasser plumpsen, »Spatze«, weil sie grob und klumpig geraten. Sind sie fein geschabt, sehen sie filigran aus, dann ist der gemeine Schwabe gerührt, hebt die Stimme und spricht melodisch von »Spätzla«. Ein größeres Kompliment gibt es nicht.

Nicht nur Schwaben können schaben, doch womöglich sind sie genetisch im Vorteil, wenn es darum geht, feines Teigwerk, in Butter geschwenkt, herzustellen. Ein gutes Restaurant zeichnet sich dadurch aus, dass die Spätzle nicht als Fertignahrung aus der Tiefkühltruhe kommen, sondern soeben handgeschabt aus der Küche. Das ist das Besondere, das schmeckt der Gast, der Einheimische sowieso.

Ursprünglich gehörten Spätzle zur Arme-Leute-Küche. Inzwischen werden sie mit allen kulinarischen Finessen so aufbereitet, dass sie zum Gourmetfall geworden sind. Spätzle sind zur schwäbischen Meisterdisziplin avanciert.

Spätzle sind seit mehr als 200 Jahren die wichtigste Säule der schwäbischen Küche. Der frühere Oberbürgermeister von Stuttgart, Manfred Rommel, ein origineller Typ, hat darüber seine ganz eigene Ansicht: »Spätzle haben eine historische Ursache und eine psychologische, die im Nachahmungstrieb begründet liegt. Als die Römer hier waren und die Schwaben die Römer beobachtet haben und ihre höchst eleganten Spagetti und Makkaroni, haben sie so etwas auch haben wollen. Sie haben mit ihren plumpen Fingern versucht, ebenfalls Makkaroni und Spagetti zu formen. So sind die Spätzle entstanden«.

Spätzle sind Teigwaren, aber keine Nudeln. Sind sie mit Hingabe handgeschabt, so haben sie, wie der Dichter Thaddäus Troll schwärmte, »jene schlaffe Konsistenz, die sich von der Soße liebend umschmeicheln lässt«. Das beste Mehl für die Spätzle liefert der Dinkel, eine anspruchslose, winterharte Weizenart, die nicht umsonst auch »Schwabenkorn« genannt wird.

des Landes, der im Rathaus die Höhenunterschiede überwindet. Die moderne Fassade umschließt auch den letzten Rest des ursprünglichen Baus, einen neugotischen Turm, der die Bombardierung im Zweiten Weltkrieg überstand und an dessen Turmkopf neben Normaluhren auch eine Mondphasenuhr und ein Wochenphasenblatt angebracht sind. Von hier aus ist Gelegenheit, durch die kleinen Gassen zu streifen, hier und da eine Boutique oder Galerie zu erkunden oder es beim Schaufensterbummel zu belassen.

Der Weg folgt nun der verkehrsreichen Holz- bzw. Konrad-Adenauer-Straße, an deren Ostseite das restaurierte **Wilhelmspalais** ➜ F3 von 1840 zum Blickfang wird. Es beherbergt Stadtbücherei und stadthistorische Sammlung. In den modernen Bauten daneben residieren Landesbibliothek, Hauptstaatsarchiv und das Haus der Landtagsabgeordneten. Letzteres steht im einstigen Akademiegarten, ein dreigeschossiger Bau mit dunkel verglaster Spiegelfassade und im Erdgeschoss mit dem für

August Mackes »Zwei Damen im Café« (um 1913/14) in der Neuen Staatsgalerie

jedermann zugänglichen Restaurant »Landtag«, von dem aus man einen schönen Blick auf das Neue Schloss hat.

Am Ende der Konrad-Adenauer-Straße – von Lokalpatrioten gern »Stuttgarts Kulturmeile« genannt – stehen Alte und Neue Staatsgalerie. Neben dem klassizistischen Gebäude von 1843 erhebt sich der postmoderne Bau (1984) von James Stirling, einer der interessantesten Museumsbauten der letzten Jahrzehnte. Die ❸ **Neue Staatsgalerie** ➡ F4 besitzt neben Düsseldorf die größte Picasso-Sammlung in Deutschland. Weitere Schwerpunkte bilden Henri Matisse, Oskar Schlemmer, Joseph Beuys und Alberto Giacometti. Architekturinteressierte erfreuen sich an dem skulpturalen Bau, mit dem Stirling anspielungsreich historische Bauformen von der Antike bis zur klassischen Moderne zitiert sowie mit Elementen der herkömmlichen Museumsarchitektur ironisch spielt.

Wer sich für die Werke von Edouard Manet und Claude Monet, Lovis Corinth und Paul Cézanne interessiert, dem sei die **Alte Staatsgalerie** ➡ F4 empfohlen. Sie erhielt zu Beginn des 21. Jahrhunderts einen fünfgeschossigen Erweiterungsbau, der sich als linearer Baukörper an das Museum des 19. Jahrhunderts schmiegt. Über zwei Glasbrücken sind beide Bauten miteinander verbunden. Neben der Neuen Staatsgalerie erhebt sich die ebenfalls von James Stirling erbaute **Musikhochschule**.

Nach dem Besuch von Neuer und Alter Staatsgalerie bietet sich ein Spaziergang durch die nahen **Schlossgärten** ➡ E3/B6 an. Sie setzen sich aus dem Mittleren und dem **Unteren Schlossgarten** zusammen und gehen an der Nordflanke, wo sie auf den Neckar stoßen, in den Rosensteinpark mit der Wilhelma über, Deutschlands einzigem zoologisch-botanischem Garten. Kilometerweit kann man durchs Grüne laufen – und das mitten in der Stadt.

Die ❹ **Wilhelma** ➡ A6 ist ein einmaliges Gesamtkunstwerk mit Tieren, Pflanzen und Bauten im maurischen Stil. 1829 wurden im Park Mineralwasserquellen entdeckt; König Wilhelm I. ordnete den Bau eines »Badhauses« über den Quellen an. Damit beauftragt wurde der Architekt Karl Ludwig von Zanth, ein Vertreter des Historismus. Gartenpavillon und

Gewächshäuser waren der Öffentlichkeit nicht zugänglich. Das änderte sich 1880, und als der Park in Staatsbesitz übergegangen war, begannen die Erweiterungen. 1944 beschädigten Bomben das Gelände, das nach dem Wiederaufbau zum zoologisch-botanischen Garten umgestaltet wurde. Heute leben hier Raubtiere, Elefanten, Nashörner, Flusspferde und viele andere Arten. Schön sind die Gewächshäuser mit ihren artenreichen Pflanzensammlungen. Relativ neu ist das Amazonashaus, das in einer künstlich gestalteten Felslandschaft Pflanzen und Tiere aus dem oberen Amazonas-Regenwald beherbergt.

Wir kehren zurück zur Staatsgalerie. Über die Straße sind es nur wenige Schritte in den **Oberen Schlossgarten** ➡ E/F3 mit dem Eckensee. Dort stehen das kubusartige **Landtagsgebäude** ➡ F3 (1960/61), über dessen architektonischen Stil sich streiten lässt, das **Große Haus der Staatsoper** (1907–12) und das **Kleine Haus des Staatsschauspiels** (1960–62) ➡ E/F3/4. Das renommierte ❺ **Staatstheater Stuttgart** ist ein Ort regen und gelegentlich mutigen künstlerischen Theaterschaffens, von dem viele Impulse ausgegangen sind. Claus Peymann sorgte als Intendant und Regisseur für manchen Skandal, die Compagnie des Stuttgarter Balletts ist unter Leitung von Marcia Heydée weltberühmt geworden. Zwischen 1994 und

Neben der Staatsgalerie liegt die Staatliche Hochschule für Musik mit ihrem markanten Turm

Die Stuttgarter Ballettcompagnie in einer Aufführung von Jerome Robbins »The Cage« im Staatstheater Stuttgart

2002 wurde Deutschlands größtes Dreispartentheater fünf Mal zum »Opernhaus des Jahres« gewählt – deutschlandweit einzigartig. Es beschäftigt, auch das einmalig, mehr als 1000 Angestellte.

Erbaut wurde das Opernhaus zwischen 1909 und 1912 nach Plänen von Max Littmann. Am markantesten an dem Bau des späten Historismus ist die dem See des Oberen Schlossgartens zugewandte Kolossalsäulenfront. Im Zweiten Weltkrieg blieb es weitgehend verschont, während das Kleine Haus massiv beschädigt wurde. Der Umbau in den Jahren 1956 bis 1971 lief auf eine Vergrößerung hinaus. Seither wurde das Theater mehrfach modernisiert, am aufwändigsten 1984, als es ein Jahr geschlossen war. Der in Grau und Gold gehaltene Saal mit 1400 Plätzen ist mit Stuck verziert, die Kuppel ist mit den Sternkreiszeichen ausgemalt, von der Kassettendecke hängen prunkvolle Lüster. Das Schiller-Denkmal aus Marmor, geschaffen von Adolf von Donndorf, steht seit 1913 an seinem Platz vor dem Haus. Das Kleine Haus der Württembergischen Staatstheater, eine achteckige, zwischen 1959 und 1962 erbaute Komposition, wurde betont sachlich gehalten.

An der Fußgängerbrücke, die über die Schillerstraße in den **Mittleren Schlossgarten** ➜ D/E4 führt, muss man sich entscheiden, ob der innerstädtische Ausflug ins Grüne jetzt oder zu einem späteren Zeitpunkt stattfinden soll. Vielleicht belässt man es als Tagestourist bei einem Besuch des Landespavillons und des **Carl-Zeiss-Planetariums** ➜ E4 nahe der Schillerstraße. Die Schlossgartenanlagen bilden mit anderen Gärten und Parks das acht Kilometer lange **»Grüne U«**, einen üppigen Grüngürtel, den sich Fußgänger über filigrane Brücken erschließen können. Das »Grüne U« entstand durch die Internationale Gartenschau (IGA) 1993: Mehrere bereits existierende Grünanlagen wurden ergänzt und miteinander verbunden. Die »grüne Lunge« reicht von der Innenstadt über Bad Cannstatt bis hinauf zum Killesberg. Ein großer Gewinn für die Landeshauptstadt.

Zurück führt der Weg zur Königstraße und über die Theodor-Heuss- auf die Willy-Bleicher-Straße mit dem **Haus der Wirtschaft** ➜ F2 und dem integrierten **Design Center**, in dem Wechselausstellungen stattfinden. Rechter Hand, am Ende des Stadtgartens, steht die **Universität** ➜ E/F2 mit der **Universitätsbibliothek**, wo junge Techniker, Kreative und Schöngeister ihren Studien nachgehen. In Stuttgart können sämtliche Bereiche der Ingenieursstudien belegt werden, aber auch alle Natur-, Geistes- und Sozialwissenschaften werden angeboten. Besondere Meriten hat sich die Universität bei Fortschrittsfächern erworben, wie Luft- und Raumfahrt, Aero- und Gasdynamik, Kernenergetik, Plasmaforschung und Bildschirmtechnik.

Am **Hegelplatz** ➜ E2 befindet sich das **Linden-Museum für Völkerkunde**, eines der bedeutendsten seiner Art in Europa. Ein großes Areal an der Nordseite gehört zum Katharinen-Hospital. Der Philosoph Hegel ist bekanntlich der Erfinder der Dialektik, die später die Marxisten für sich reklamierten. Er studierte sie vorwiegend an den Schwaben, die in allem, was sie sind und tun, immer auch gleich das Gegenteil verkörpern. Das wird besonders deutlich in dem schwäbischen Ausspruch, den die älteren Stuttgarter vielleicht noch kennen: »*Jetzt tu nur au gschwind langsam!*«.

Die Schwaben sind stolz auf ihre Dichter und Denker, wohl deshalb – auch das eine Form von Dialektik – werden sie in ihrem Lieblingsspruch zurechtgestutzt: »Der Schiller und der Hegel, der Uhland und der Hauff. Das ist bei uns die Regel, die fallen gar nicht auf.«

Vom Hegelplatz aus über die Holzgartenstraße gelangt man zum **Hoppenlau-Friedhof** ➡ E/F1/2, dem ältesten und komplett unter Denkmalschutz stehenden Friedhof der Stadt. 1626 angelegt, war sein Volumen bereits 1880 gefüllt – seither finden hier keine Beerdigungen mehr statt. Der Friedhof mit einem altehrwürdigen Baumbestand ist aber überaus populär bei Spaziergängern. Viele Grabstätten sind kunstvoll gestaltet. Hier befinden sich auch die Gräber von Wilhelm Hauff, C.F.D. Schubart, Gustav Schwab und anderen Persönlichkeiten. Ein Teil der Anlage ist jüdischer Friedhof. Die Stuttgarter Bürger investieren viel Geld in die Erhaltung dieser romantisch anmutenden Anlage.

Nicht weit davon entfernt stehen das Konzerthaus **Liederhalle** ➡ F2 (1955/56), ein eigenwilliger Bau mit drei Konzertsälen und angeschlossenem Kultur- und Kongresszentrum, sowie das sehenswerte **Bosch-Areal** ➡ F1. In der Büchsenstraße befindet sich die **Hospitalkirche** ➡ F2. Eindrucksvoll ist im Chor des evangelischen Gotteshauses die Kreuzigungsgruppe von 1501. Gebaut wurde die dreischiffige Hallenkirche zwischen 1471 und 1493. Verantwortlich dafür zeichnet der Baumeister Aberlin Jörg, der auch die Stifts- und die Leonhardskirche errichtete.

Neben der Kirche stand Stuttgarts einziges Kloster, das von Dominikanern geführt wurde. Nach der Reformation wurde es zum Hospital, in der Zeit des Nationalsozialismus hat man dort zahlreiche Stuttgarter Juden, Sinti und Roma sowie politische Gegner verhört und gequält. 1944 fiel der ursprüngliche Klosterbau mit der Kirche durch Bombeneinwirkung in Schutt und Asche. Die Kirche wurde ab 1950 wieder aufgebaut.

Hinter der Theodor-Heuss-Straße beginnt in der **Calwer Straße** ➡ F/G2 wieder die Fußgängerzone mit exklusiven Geschäften und vornehmlich italienischen Restaurants. Eine Stärkung hat man sich nach dem Rundgang nun redlich verdient. ∎

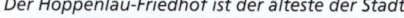

Der Hoppenlau-Friedhof ist der älteste der Stadt

Streifzüge

Die mittelalterliche Esslinger Burg und der von Quadermauern umfasste städtische Weinberg

Esslingen, die unbekannte Neckar-Schöne

Die Freie Reichsstadt **Esslingen** ➡ aC4, nur wenige Kilometer von Stuttgart entfernt – man kann auch mit der S-Bahn hinfahren –, ist vermögend geworden durch ihre industrielle Produktion. Aber diese Zeit ist vorbei. Esslingen ist Dienstleistungsstadt und nun wieder stolz auf seine reichlich vorhandenen Tore und Türme, prächtiges Fachwerk und gewaltige Kirchen, auf Kanäle, Wasserräder und Brückenhäuser – ein ungewöhnlich geschlossenes, weitgehend intaktes mittelalterliches Stadtbild. Auswärtige Klöster hatten seinerzeit in Esslingen viel Besitz, vor allem Weinberge, die sie von eigenen, sogenannten Pfleghöfen aus betreuten. Diese waren mit Keltern und teils mit Kapellen ausgestattet. Der Weinbau hat hier eine mehr als 1000-jährige Tradition. Gleich hinter dem Marktplatz ziehen sich die Rebhänge der »Esslinger Neckarhalde« entlang. Beste Südlage, sonnengesättigt.

Das historische Zentrum rund um den **Marktplatz** wird an den Markttagen (mittwochs und samstags) bunt. Drei der wichtigsten Kirchen stehen fast nebeneinander: die mächtige Stadtkirche **St. Dionys** mit zwei auffallend unterschiedlichen Türmen aus dem 13. Jahrhundert, bescheiden daneben die ehemalige Dominikanerkirche **St. Paul**, die älteste deutsche Bettelordenskirche, 1286 von Albertus Magnus geweiht, und etwas erhöht die spätgotische **Frauenkirche** mit ihrem filigranen Turm, ein Hauptwerk süddeutscher Gotik.

Daneben der wuchtige Quaderbau des einstigen Salemer Pfleghofs, in dem heute das **J. F. Schreiber-Museum** nostalgische Bibliophilie präsentiert: alte Bilderbücher, kunstvolle Klappbücher, Modelle und Papiertheater.

Die Geiselbachstraße führt zur Mittleren Beutau und weiter hinauf zur **Burg**. Der städtische Weinberg wird von braunen Quadermauern umfasst, rechts steht der Dicke Turm, in dem heute ein Restaurant untergebracht ist, links die zierliche Hochwacht. Die Burg war der nördlichste Teil der Stadtbefestigung, die Aussicht reicht von hier über die verschachtelte Dachlandschaft und den Neckar hinweg in die freie Landschaft. Drei **Stadttore**, eines dekorativer als das andere, sind noch erhalten: Wolfstor, Pliensauturm und Schelztorturm.

Das **Alte Rathaus** vom Beginn des 15. Jahrhunderts ist ein Meisterwerk der Zimmermannskunst. Hinten Fachwerk, vorn eine fein geschwungene Renaissance-Fassade. Am Giebel glänzt eine astronomische Uhr, deren Figuren sich fünf Mal täglich zum Glockenspiel bewegen. Die Gebäude zwischen dem Alten Rathaus und dem **Hafenmarkt** wurden vor einigen Jahren als älteste Häuserzeile Deutschlands identifiziert, sie stammen aus der Zeit um 1330. Der vollständig erhaltene Geschlechterturm beherbergt das **Stadtmuseum**.

Mit dem von einem Figurenfries geschmückten **Postmichelbrunnen** in der Ritterstraße ist eine schaurig-schöne Geschichte verbunden. Unschuldig als Mörder verdächtigt und geköpft, geisterte der arme Postillon so lange sein Horn blasend nachts durch Esslingen, bis der wahre Mörder gefasst wurde. Erst als Gerechtigkeit hergestellt war, kehrte Ruhe ein und die Bürger konnten wieder schlafen. So ist das in Schwaben.

Die gesamte Innenstadt und die Weinhänge können mit dem geräuschlosen Segway abgefahren werden, ein Angebot der Stadtinformation (€ 36 pro Person für 1,5 Std., gefahren wird in kleinen Gruppen).

Esslinger Stadtmarketing & Tourismus im Kielmeyerhaus ➜ aC4
Marktplatz 2, 73728 Esslingen
℡ (07 11) 39 69 39 69, www.esslingen-tourist.de

Das Auto & Technik Museum Sinsheim

Was dieses Museum, das größte privat geführte **Technikmuseum** Europas, zur Schau stellt, ist sensationell. Solche Schätze würde man in Museen großer Metropolen erwarten. Hier stehen sie am Rand der

In der Ausstellung »American Dream Cars« im Auto & Technik Museum Sinsheim: ein Chrysler New Yorker De Luxe Convertible 1954

Autobahn A6 und machen Eindruck, nur eine halbe Autostunde von Stuttgart entfernt. Überschall-Nostalgik auf 30 000 Quadratmetern mit über 3000 Exponaten. Aber nicht als knochentrockene Technik-Schau, sondern in einer sehr sinnlichen Inszenierung.

Die beiden einzigen, je gebauten Typen von Überschallflugzeugen sind hier aufgebockt: Die Tupolew Tu-144, das russische Gegenstück zur britisch-französischen Concorde, nur in 17 Exemplaren gebaut, 1977 nur ein halbes Jahr bei Aeroflot im Liniendienst, dann ausgemustert, weil zu teuer in der Wartung. Und die Air-France-Concorde »Fox Bravo«, die Mitte 2003, nach dem Aus für die Überschall-Passagierdienste, zerlegt und in einem aufwändigen Transport ins Schwäbische gebracht wurde. Unter Konkurrenten aus aller Welt, die sich beworben hatten, wurde Sinsheim ausgewählt.

Seitdem die Concorde begehbar ist, seit Mitte 2004, besuchen 30 Prozent mehr Gäste das Technikmuseum. Mitunter muss man warten, bis man die stählerne Wendeltreppe erklimmen kann, die durch die hintere, rechte Frachtraumtür in die schmale Kabine des Superflugzeugs führt. Beim Blick hinunter sollte man sich am Geländer festhalten: 35 Meter sind es bis zum Erdboden. Die Cockpitinstrumente sind beleuchtet, durch Plexiglas ist das Innenleben zu besichtigen, zu speziellen Anlässen wird auch mal die charakteristische Knick-Nase bewegt. Selbst wer kein Flug-Fan ist, empfindet Ehrfurcht vor dem Ingenieurskönnen.

Auf dem Dach der riesigen Halle 2 thronen Überschalljets. Hunderte von einzigartigen Oldtimern sind versammelt, dazu Formel-1-Rennwagen, Lokomotiven und Dampfmaschinen. Manche der Mercedes-Karossen sind so selten, dass sie nicht mal das Stuttgarter Mercedes-Museum hat, etwa den Mercedes G4 von 1938, in dem sich Italiens Diktator Mussolini herumfahren ließ. Die Maybach-Sammlung besitzt zehn der weltweit noch 140 Maybach-Karossen, die zwischen 1921 und 1941 gebaut wurden.

Die Autos sind locker gruppiert, nicht in Reih und Glied, und in beinahe jedem sitzen Schaufensterpuppen in Originalkleidern der jeweiligen Epoche. Das finden weibliche Besucher sehr ansprechend. Das Museum, das Familien zu seinen Hauptgästen zählt, hat auch eine Attraktion für Kinder: Sie können aus einer DC-3 heraus in einem speziellen Rutschteppich eine 33 Meter lange Rutsche hinuntersausen. Auch Kind gebliebene Erwachsene dürfen das.

Auto & Technik Museum Sinsheim
Museumsplatz, 74889 Sinsheim
℗ (072 61) 92 99-0
www.museum-sinsheim.de
Mo–Fr 9–18, Sa/So/Fei 9–19 Uhr, Eintritt € 13/11 (bis 14 Jahre), IMAX 3-D-Filmtheater zusätzlich € 10/7,50
Abenteuer Technik in einer einzigartigen Form. Europas größte Formel-1-Ausstellung, aber auch neben Oldtimer, Sportwagen, Flugzeuge, Motorräder, Nutzfahrzeuge und Lokomotiven.

Baden-Baden wird Baden-Babel

Als der Publizist Roger Willemsen vor Jahren nach **Baden-Baden** kam, weinte eine junge Frau bitterlich, weil ihr Leben in dieser klimatisch

Unter uralten Bäume: die Gartenanlage Lichtentaler Allee in Baden-Baden

begünstigten Stadt so ereignislos verlief. Das ist gar nicht lange her, aber kaum noch vorstellbar. Früher fuhren die Baden-Badener, wenn sie etwas erleben wollten, nach Karlsruhe. Inzwischen werden hauptsächlich am Wochenende viele Karlsruher in Baden-Baden gesichtet. Die Stadt hat einen erstaunlichen Imagewechsel hinter sich; er hat damit zu tun, dass allmählich eine jüngere Generation in die Schlüsselpositionen hineinwächst und für Veränderungen sorgt.

Am deutlichsten zeigt sich das im »Equipage«, dem Nachtlokal des ältesten deutschen Spielcasinos. Hier kommt man schon längst nicht mehr nur zum Zocken her, sondern zum Nightlife. Die sogenannten »neuen Russen« sind da. Die Russen vor allem haben Baden-Baden in kurzer Zeit so verändert, dass es manchem Einheimischen fast schon wie Baden-Babel vorkommt. Es reisen vor allem Reiche und Schöne mit viel Geld an, die sich in den Wellness-Oasen der Spitzenhotels behandeln lassen und die Boutiquen leer kaufen.

In den Restaurants werden die teuersten Gerichte bestellt, die besten Weine geordert und zum Aperitif geht außer Wodka nur Dom Perignon über russische Lippen. Dass Dostojewski und Turgenjew hier gelebt haben, Gogol sich amüsierte und Zar Alexander I. eine badische Prinzessin heiratete, quittieren die Russen mit fröhlichem »Da, da«. Sie kaufen Villen und Eigentumswohnungen und steuern mit kleinen Privatmaschinen den »Baden-Airpark« an, einen ehemaligen Militärstützpunkt. Der Einzelhandel ist begeistert, die Gastronomie erlebt einen Boom.

Deshalb hat sich dort auch Neues getan: Das »Leo's« (www.leos-baden-baden.de) am Leopoldplatz steht für Spitzenküche, die Bar »Wall Street« (www.wallstreet-hamilton.de), von der Sparkasse im eigenen Haus integriert, für modernes Clubleben. Das »Medici« (www.medici-restaurant.de) hat eine gut ausgestattete Smoking Lounge, im »Baltreit« (www.magic-baltreit.de) am Stadtmuseum gibt es Verkostungen badischer Weine und ins »Le Bistro« geht man, um Leute kennenzulernen.

Betrieben wurde die Renaissance eines Klassikers, indem man das einstige Maison Messmer wieder aufgepäppelt hat. Das 1833 erbaute Haus gehörte dem überzeugten Demokraten Johann Baptist Messmer. In unruhigen Revolutionsjahren beherbergte der Freigeist den deutschen Kaiser Wilhelm I. Obwohl politische Gegner, verstanden sich beide gut. Nach dem Kuren verabschiedete sich der Preußenmonarch mit dem Satz: »Als Feind bin ich zu Ihnen gekommen, als Freund werde ich wiederkommen.« Das tat er 40 Jahre lang.

Im Maison Messmer fand das Kaiserpaar seine Sommerresidenz. Das zog Queen Victoria, Kaiserin Sisi und den europäischen Hochadel nach.

Mit dem Ersten Weltkrieg ging die Glanzzeit des mondänen Kurorts abrupt zu Ende. Baden-Baden wurde Lazarettstadt, das Fin de Siècle verfiel. Einzig der berühmte Malersaal des Maison Messmer entging 1956 der Abrissbirne. Der Hotelkonzern hat ihn original-getreu wiederherstellen lassen. Millionen wurden auch in den Spa-Bereich investiert, das Poolwasser reflektiert das farbenfrohe Jugendstilglas. Der hoteleigene »Theaterkeller«, mit Zugang auch von der Straße, hat sich zum neuen In-Treffpunkt entwickelt: Einheimische treffen sich mit Zugereisten in relaxter Atmosphäre.

Schick aufgefrischt zeigen sich auch die altehrwürdigen Villen-Hotels »Belle Epoque« und »Der Kleine Prinz«. »Russen und Amerikaner verdrängen unsere Stammgäste nicht«, heißt es. »Traditionalisten, Genießer und Verliebte kommen nach wie vor. Nur der Altersdurchschnitt hat sich verjüngt und liegt jetzt um die vierzig.« Die vergnügungswillige Klientel geht ins **Festspielhaus** – Europas zweitgrößter Konzertsaal mit 2500 Plätzen – flaniert durch den neuen extravaganten, von Richard Meier entworfenen Bau des **Burda-Museums**, das 500 hochkarätige Gemälde zeigt, badet in den **Thermen** und unternimmt Ausflüge in die stadtnahe Natur. Wanderführer wurden früher, als Baden-Baden noch als reines Rentnerparadies galt, nie nachgefragt. Jetzt gibt es sogar Mountainbike-Routen bis hinauf zum **Alten Schloss** auf dem Berg und am **Battertfelsen** alpine Kletterkurse. Es lohnt sich, hinaufzusteigen oder zu fahren – der Ausblick ist grandios.

2009 eröffnete das neue **Museum für Kunst und Technik** des 19. Jahrhunderts, ein Ausstellungshaus ohne eigene Sammlung, aber mit einem ungewöhnlichen Konzept. Da geht es um optische Apparate des Sehens, Techniken des Betrachtens und die Feststellung, dass die Apparatetechnik die Kunstgeschichte mitverändert hat – einfach durch neue Betrachtungsweisen. Kunst und Technik, so die Botschaft, hängen mehr zusammen, als die meisten glauben mögen. Technik, etwa die Erfindung der Eisenbahn oder des Dampfschiffs, hat die Kunst romantisiert, technische Spielzeuge haben Kindergenerationen den technischen Fortschritt nahegebracht, die Raumwahrnehmung großer Gebäude und transparenter Architektur hat das Kunstgefühl beeinflusst. Ein kleines, aber interessantes Experimentiermuseum.

Den Imagewandel bezeugt auch die Veranstaltungspalette, die von Klassik mit Anne-Sophie Mutter und den Wiener Philharmonikern über Jazz-Nights mit Count Basie, Blues von Al Jarreau, Zaubereien von David Copperfield bis zum Pop-Festival des SWR reichen. Kulturell bietet die 55 000-Einwohner-Stadt so viel wie eine Großstadt. Das zieht magisch Leute an, die früher die Altenidylle mieden.

Die Stadt hatte die Werbeagentur Scholz & Friends beauftragt, zu verblüffen. So gibt es Konzerte wie »Mozart für Machos« und – provokativ für Bayreuth-Pilger – »Wo Wagner überall abgeschrieben hat«. Das **Neue Schloss**, in dessen Hanggarten Palmen wachsen, von den Thermalquellen gespeist, wurde an einen Scheich aus Kuwait verkauft, der aus dem maroden Schmuckstück auf dem Florentinerberg ein Mega-Hotel macht.

Im Festspielhaus in Baden-Baden werden erstklassige Kunst- und Kultur-highlights geboten

Die Fußgängerzone wurde mondän aufgepeppt, im Park am Fluss Oz balzen Promis. Der SWR rollt das Städtchen mit einer Skater-Tour auf, in den Wellness-Tempeln klatschen Russen mit allen Anzeichen sinnlicher Lust einander Schlamm auf ihre nackten Körper und das **Casino** hat einen Beratungsdienst für Spielsüchtige eingerichtet. Baden-Baden wird Baden-Babel? Schon geschehen.

Baden-Baden Kur & Tourismus GmbH
Kaiserallee 3, 76530 Baden-Baden
℃ (072 21) 27 52 00, www.baden-baden.de
Mo–Sa 10–17, So/Fei 14–17 Uhr

Museum Frieder Burda
Lichtentaler Allee 86, Baden-Baden
℃ (072 21)39 89 80, www.museum-frieder-burda.de
Tägl. außer Mo 10–18 Uhr, Eintritt € 9/7
Zeigt die hochkarätige Kunstsammlung Frieder Burdas.

Wellness in Badenweiler

Das Markgräfler Bäderdreieck ist schön, es liegt zwischen **Badenweiler ➜ südl. aE1**, Bad Bellingen und Bad Krozingen. Sanfthügelig, von Weinbergen gerahmt. Am besten erreicht man es über die A 5 Richtung Basel, Ausfahrt Müllheim/Neuenburg, dann in Richtung Badenweiler-Ost. Dort steht das Parkhotel »Weißes Haus«, dessen Mitarbeiter sich Mühe geben, Menschen mit erhöhtem Cholesterin, Bluthochdruck, Diabetes, Übergewicht und anderen Zivilisationsgebrechen zu mehr Lebensqualität zu verhelfen – durch Schrotkuren, Ayurveda, Chi Yang, die chinesische Massage, und andere Wellness-Programme. Feinstes Sesam-, Mandel-, Amla- und Kokosöl fließt in Strömen, im Kräuterdampfbad wird relaxt, im ägyptischen Ruheraum gibt es ein Gläschen Tee und danach geht es zur Abhyanga-Öl-Ganzkörpermassage oder ins Ayurveda-Kräuterbad.

»Wir wollen unsere Gäste in kürzester Zeit richtig schön aufpäppeln«, heißt es im Hotel. Das Angebot ist auf ein Wochenende oder

Die Cassiopeia-Therme in Badenweiler

auf ein verlängertes Wochenende ausgelegt. In Badenweiler weiß man, dass viele Menschen nicht mehr Zeit haben (wollen) für einen längeren Urlaub. Deshalb kommt man ihnen entgegen und bietet ihnen in kurzer Zeit so viel wie möglich.

Der Thermalkurort Badenweiler liegt am Fuße des 1164 Meter hohen Blauen. Nicht nur dem russischen Dichter Anton Tschechow, der immer wieder kam, hat es hier gefallen. Schon die alten Römer ließen es sich gut gehen. An ihre Zeit erinnern noch die Überreste ihres der Schwarzwaldgöttin Diana Abnoba geweihten Luxusbades im **Kurpark**. Beim Spaziergang dort schaut man weit ins Land, bis hinüber in die Vogesen. Andere gehen nach der Anwendung golfen oder büchsen mal ins nahegelegene Basel aus. Manchmal begegnet man Rudeln gedresster Fahrradfahrer – das Team T-Mobile hat in Badenweiler einen Trainingsstandort.

Zu den Schönsten gehört die **Cassiopeia-Therme** mit ihrer weit gespannten gläsernen Kuppel, unter der man in 32 Grad Celsius warmem Wasser treibt, bis man im Außenbecken von der »Oma-Schleuder« erfasst und im Wirbel minutenlang durch einen Kanal getrieben wird. Kieselsäure, Borsäure, Mineralstoffe und freie Kohlensäure wirken wohltuend für den Körper.

Parkhotel Weißes Haus
Wilhelmstr. 6, 79405 Badenweiler
℡ (076 32) 823 70, www.parkhotel-badenweiler.de

Das Kernerhaus in Weinsberg

In **Weinsberg** ➡ nördl. aA3 bei Heilbronn befindet sich der »Geistesstolz der Schwaben«. Der Arzt und Dichter Justinus Kerner (1786–1862) besaß hier ein Anwesen zwischen Burgruine Weibertreu und Geisterturm, umstanden von den rebenbewachsenen Hügeln des Neckarlandes. 1908 war es bereits musealisiert worden, es gilt als das charmanteste unter den deutschen Literaturmuseen. Kerner schrieb die Schwabenhymne »Der reichste Fürst«, die sich auf den Grafen Eberhard im Bart bezieht und als einer der rührendsten vaterländischen Gesänge gilt. Seine Prosa »Reiseschatten« beeinflusste die deutsche Romantik, indem sie ihr

das Fernweh einflößte. Der gemütliche »Viertele-Schlozer« und senti-
mentale »Geisterseher« ist in Vergessenheit geraten, hatte aber einst
großen Einfluss auf das Geistesleben. Gäste empfing er gern in einer
Mönchskutte, manchmal in einem Holzsarg liegend. Okkultismus und
Parapsychologie erhielten durch ihn Aufschwung, in seinen Schriften
betonte er die »Nachtseiten«. Er kämpfte gegen die blutarmen Klas-
sizisten, wollte Gefühle wecken und war einer der meistgelesenen
deutschen Poeten im 19. Jahrhundert, bekannt vor allem durch seinen
»Poetischen Almanach«. Als Arzt wandte er sich gegen das Fett in den
Würsten, als Vorgänger der Psychotherapie entwickelte er eine Ge-
sprächsbehandlung von »Gemütskranken« und ermunterte sie – gegen
den Zeitgeist – ihre Melancholie als inneren Reichtum zu betrachten.
Seine psychiatrische Kenntnis war enorm. Er betonte die Bedeutung
der kulturellen Geselligkeit und des intellektuellen Austauschs, das Er-
lernen anderer Sprachen und die Beschäftigung mit geistigen Themen.

Noch Ende des 19. Jahrhunderts war Justinus Kerner so berühmt,
dass etwa Richard Wagner oder Kaiserin Sisi nach Weinsberg pilgerten,
um dem »Dichterfürsten« ihre Aufwartung zu machen. Das Museum ist
mit Originalmöbeln ausgestattet und zeigt sich so, wie Kerner sein Haus
eingerichtet hatte. Eine ärztliche Praxis, der Wohn- und Geselligkeits-
bereich, die Kunstsammlungen, der Garten – alles atmet noch die Welt
des mittleren 19. Jahrhunderts. Ein Gedächtnisort des schwäbischen
Geisteserbes, der auch noch gemütlich ist.

Kernerhaus ➧ nördl. aA3
Öhringer Str. 3, 74189 Weinsberg
℡ (017 34) 87 19
www.literaturland-bw.de/museum/standort/85
Di–So 14–17 Uhr, Eintritt € 2/1,50
Anfahrt über die A6 oder mit dem Zug.
Die original ausgestatteten Wohnräume der Familie im Obergeschoss
spiegeln die Wohnatmosphäre des 19. Jahrhunderts wider.

Karlsruhe – Stadt des Rechts und der Kultur

In der jüngsten deutschen Großstadt (295 000 Einwohner) verbinden
sich Architektur, Kunst, Hochschulen, Musik, Zukunftstechnologien,
Gastronomie und Lebenslust zum eindrucksvollen Gesamtbild. Vor allem Genießerherzen schlagen hier höher, denn **Karlsruhe** ➧ westl. aB1
hat kulinarisch viel zu bieten und der badische Wein verursacht durch-

*Das Karlsruher Schloss war einst Mittelpunkt der 1715 vom Markgrafen
von Baden-Durlach gegründeten Stadt*

aus keine Karies, wie die Schwaben immer gern behaupten. Zudem hat die Fächerstadt viele sonnige Seiten – die Sonnendauer verzeichnet mehr Stunden im Jahr als andernorts: 1800. Darum gibt es unzählige Biergärten und Terrassenlokale, die Menschen treffen sich auf dem Ludwigs-, Parade-, Fasanen- und Marktplatz, die Stadt besitzt unverkennbar ein südliches Flair.

Fächerstadt deshalb, weil Karlsruhe in der Form eines Fächers erbaut wurde. Das war später das Vorbild für den Aufbau der US-amerikanischen Hauptstadt Washington. Vor noch nicht mal 300 Jahren geschah das. 1715 ließ der badische Markgraf Karl Wilhelm die Neugründung im grünen Wald errichten, seine Residenz in Durlach war ihm zu eng geworden.

Karlsruhe wird fast nur als Stadt von **Bundesgerichtshof** und **Bundesverfassungsgericht**, den beiden höchsten deutschen Gerichten, wahrgenommen. Die ersten Roben der Richter kamen übrigens aus einer angesehenen Spielstätte, sie wurden aus Samtvorhängen des Staatstheaters genäht. Das badische Kleinod ist aber mehr als eine Gerichtsstadt. »Viel vor. Viel dahinter«, heißt es auf riesigen Schildern an den Ortseingängen. 1818 wurde hier die modernste Verfassung Deutschlands verabschiedet, die aus Untertanen Bürger machte. Karlsruhe sorgte als Erstes für die Gleichstellung der Juden und war bei der Emanzipation der Frauen Vorreiter.

Mit dem **Zentrum für Kunst und Medientechnologie** (ZKM), weltweit einmalig, bereichert die Stadt das zeitgenössische Kulturleben mit einer avantgardistischen Facette. Im alten Backstein-Areal einer 300 Meter langen, ehemaligen Munitionsfabrik mit zehn Lichthöfen, die beinah abgerissen worden wären, wird dort an der Zukunft gebastelt. Das ZKM ist Forschungsstätte, Denkfabrik, Ort der Dialoge, der ständige Versuch eines Brückenschlags zwischen der Kunst, dem Alltag und den modernen Medien. Der Philosoph Peter Sloterdijk mischt mit, der Komponist Wolfgang Rihm und der Designer Luigi Colani, der vor Kurzem nach Karlsruhe gezogen – und schon zu einem Markenzeichen der Stadt geworden ist. Er erhielt bereits eine »Lebenswerkausstellung«.

Ungezwungen geht es in Karlsruhe zu, die Badener (man sage nie Badenser) sind lustige Leute, sie werden dem Ruf der Beamtenstadt so gar nicht gerecht. Es macht Spaß, hier herumzulaufen, einzukehren, zu schauen. Am besten, man besorgt sich einen Stadtplan und geht dann los. Der Fächergrundriss macht es Zugereisten ebenso leicht wie es die Karlsruher in ihrer charmanten Art tun.

Karlsruhe Tourismus
Karl-Friedrich-Str. 9, 76137 Karlsruhe
℡ (07 21) 37 20 53 83
www.karlsruhe-tourism.de
Mo–Fr 9–19, Sa 10–15 Uhr

Schmuckstadt Pforzheim

Berühmt wurde die Stadt im Nordschwarzwald durch ihre Schmuckproduktion. Sie ist das unumstrittene Schmuckzentrum Deutschlands und äußerst innovativ, wenn es um Gold und Edelsteine geht. Ihrem vornehmsten Erbe trägt die Stadt jetzt Rechnung mit der Eröffnung

des Erlebnisgebäudes Schmuckwelten und dem neu umgebau-
ten Schmuckmuseum. Kultur- und
Nostalgie-Fans, aber auch Design-
freunde kommen hier auf ihre
Kosten und Kaufinteressenten
finden eine üppige Auswahl vor.

Die **Schmuckwelten** geben
Pforzheim wieder ein Gesicht
als Goldstadt. Bisher gab es nur
Musterausstellungen, bei denen
Fachleute unter sich blieben. Nun
aber sind Schmuck und seine Her-

*Schmuckwelten Pforzheim: welt-
weit einmalig – ein ganzer Bus in
22 Karat vergoldet*

stellung erlebbar. Auf rund 4000 Quadratmetern wird hochwertiger
Schmuck bis hin zu luxuriösen Juwelen präsentiert. Sie stammen von
den in Pforzheim ansässigen Unternehmen Fabergé, Wellendorf, Bunz
und Gellner. Direkt damit verbunden ist der Flagship-Store von Juwelier Leicht. Neben teuren Pretiosen gibt es Schmuck und Uhren zu
erschwinglichen Preisen. Die Ausstellung »Mineralienwelt« mit mehr
als 5000 Exponaten ist informativ, die »Schmuckerlebniswelt« als Herz-
stück bietet einen unterhaltsamen Rundgang durch die Entstehung
und den Abbau von Rohmaterial, aus dem Glitzerndes gefertigt wird.
Hier erkennt man sofort, wie viel Handwerk und Kunstvermögen hinter
der Schmuckproduktion stecken.

Das **Schmuckmuseum** liegt mitten in der Stadt, eingebettet in einen kleinen Park. Den Kubus schuf der 1993 verstorbene Architekt
Manfred Lehmbruck. 2006 ist das Haus erweitert und modernisiert
worden. Kostbarkeiten von der Antike bis zum Historismus werden
in einer Art Schatzkammer gezeigt. Hängevitrinen in abgedunkel-
ten Nischen setzen einen goldenen etruskischen Armreifen aus dem
7. Jahrhundert v. Chr. oder ein 5000 Jahre altes goldenes Ohrgehän-
ge aus Troja mittels raffinierter Beleuchtung in Szene. Eine schwere
Goldkette mit Bildnismedaillon aus Byzanz oder religiös geprägte Gold-
schmiedekunst aus dem Mittelalter gehören zu den Höhepunkten der
Schau. Reich verziert und von überbordender Detailfreude sind die
Schmuckstücke der Renaissance, die sich der Adel fertigen ließ. Die
Ringsammlung mit 1200 Exemplaren aus allen Epochen der Geschichte,
allen Teilen der Welt und in jedem Stil ist weltweit einzigartig.

Seit dem Umbau werden Exponate aus der Zeit des Jugendstils bis
heute in neuem Ambiente präsentiert. Darunter gibt es eine Sammlung
von ethnographischem Schmuck aus Nordafrika, dem Vorderen Orient,
Asien und Ozeanien. Überall, wo Menschen lebten, schufen sie auch
Schmückendes – und tun es immer noch. Dies wird in Wechselausstellungen systematisch gezeigt. Wer Schmuckgeschichte umfänglich
kennen lernen will, kommt an Pforzheim nicht vorbei.

Schmuckwelten Pforzheim
Westliche-Karl-Friedrich Straße 56/68, Eingang Leopoldplatz
75172 Pforzheim
✆ (072 31) 99 44 44
www.schmuckwelten.de
Mo–Sa 10–19, So/Fei 11–18 Uhr
Eintritt Schmuckerlebniswelt € 6,50, Mineralienwelt € 3,50, Kombiticket € 8, Kombiticket mit Schmuckmuseum € 9,50, Familienticket € 16,

Familien-Kombiticket mit Schmuckmuseum € 19
Aktuelle Modetrends mit einzigartiger Auswahl von Schmuck- und
Uhrenmarken.

Schmuckmuseum
Jahnstr. 42, 75173 Pforzheim
S4, 5 Zuffenhausen
☏ (072 31) 99 44 44
www.schmuckwelten.de
Tägl. außer Mo 10–17 Uhr, Eintritt € 3/1,50
Ausstellung zur Geschichte des abendländischen Schmucks mit Ori-
ginalen aus fünf Jahrtausenden von der Antike bis zur Gegenwart.

Tübingen, die Kleinstadt der Dichter und Denker

»In deinen Tälern wachte mein Herz mir auf«, hatte der Dichter einst
geschrieben, als sein Herz noch nicht schwermütig war. Friedrich Hölderlin hat 36 Jahre in **Tübingen** ➡ südl. aE3 gewohnt. Als er verwirrt
wurde, umsorgten ihn die Hausbesitzer, eine Schreinerfamilie. Im gel-
ben Turm, direkt am Neckarufer, ist der Poet 73-jährig gestorben. Der
Turm ist heute ein Museum zu seinen Ehren.

Aber Hölderlin war keineswegs der einzige der großen Geister, die
hier Hof hielten. Tübingens **Universität** war berühmt, die späteren
Philosophen Hegel und Schelling teilten sich im Evangelischen Stift,
in dem die Studenten untergebracht waren, eine Stube. Andere Stu-
diosi hießen Johannes Kepler, Eduard Mörike und Gustav Schwab. Sie
alle haben das deutsche Geistes- und Kulturleben mit ihren Beiträgen
bereichert.

Wer durch Tübingen schlendert, kann verstehen, dass die klugen
Köpfe die Gemütlichkeit bei gleichzeitiger Überschaubarkeit zu schätzen wussten. Damals gab es nur die Altstadt, alles lag nahe beieinander,
jeder kannte jeden. Tübingen war stets eine Stadt ohne repräsentative
Machtentfaltung, ihre Fürsten hatten als Herrscher kein Interesse an
einer Selbstdarstellung in Prunk und Pomp. Vielmehr huldigten sie den
Künsten, waren geistesbewegt. Nicht umsonst lehrte der Humanist Phil-
ipp Melanchthon an der Alma Mater, bevor er in den Strudel der Reformation geriet und als stärkster Mitstreiter Luthers der Umwälzung das
theoretische Rüstzeug gab. Goethe und Schiller kamen immer wieder,
sie trafen sich mit Johann Friedrich Cotta, dem berühmten Verleger.

Schon Hermann Hesse war beeindruckt von der Neckarfront in Tübingen

Eduard Mörike beeindruckte das Stadtbild: »Als ich über die Brücke fuhr und die Häuserfront nach alter Weise erleuchtet und dann mich selbst ansah, da falteten sich unwillkürlich meine Hände.« Auch Hermann Hesse, der einige Zeit in Tübingen lebte und als blutjunger Mann in einer Buchhandlung am Holzmarkt seine Lehre absolvierte, neigte zur Romantik: »Abends muss ich auf der Brücke stehen / Nieder in den dunkeln Strom zu sehen.«

Der Dichter Friedrich Hölderlin

Der Geist von damals ist immer noch spürbar, auch wenn er sich naturgemäß anders äußert. Die mittlerweile auf 85 000 Einwohner angewachsene Stadt zählt 25 000 Studenten. Es ist nach wie vor äußerst populär, im Neckarstädtchen zu studieren. In keiner anderen Stadt kommen so viele Studierende auf so wenige Bewohner. Jugendlichkeit prägt das Straßenbild, locker ist die Stimmung auf den Plätzen und an beiden Neckarufern, wo die jungen Leute, wenn das Wetter es zulässt, in den Wiesen liegen und vorübergehend das Studieren vergessen oder die schönen Dinge des Lebens studieren. Müßiggang, der früher verboten war.

»Wer auf Kübeln trommelt, wer Brutalhosen und Bloßgesäß trägt, wer heimliche Eheverlöbnisse eingeht, die Predigten schwänzt und dem Würfelspiel huldigt«, so das Statutenbuch der Universität, wurde mit Arrest bestraft. Der Karzer für die Akademiker blieb erhalten, auch Hölderlin hat darin gesessen. Vielleicht hat auch er krude Botschaften an die Wände gekritzelt. Im 18. Jahrhundert wurde der Kerker zur sittlichen Besserung der Einsitzenden mit biblischen Motiven ausgemalt. Das ist lange her.

Die Kneipen rund um den Marktplatz mit dem **Rathaus** von 1435 sind beliebt wie eh und je. Schon am Nachmittag sind sie gut gefüllt, abends wird es dann lärmig, turbulent und es wird viel gelacht. Früheren Generationen hätte man das nicht durchgehen lassen. Einst war es den Apothekern ausdrücklich untersagt, den Studenten »Marzipan, Konfekt oder anderes Schleckwerk zu verkaufen«. Der Eintritt in Trinkstuben war ausdrücklich verboten. Zur Zeit Hesses änderte sich das. Anfänglich war der angehende Buchhändler nach eigener Auskunft »sehr strebsam und solide«, doch »später soff ich viel mit Studenten herum«.

Johannes R. Becher, in den 1920er-Jahren wilder Dadaist, später strenger erster Kulturminister der DDR, studierte ebenfalls in Tübingen. Schwärmerisch dichtete er: »Könnt ich so dichten, wie hier alles klug / verteilt ist, jedes an seiner Stelle.«

Tübingen ist immer noch eine Kleinstadt, auch wenn die Altstadt längst von Neubauvierteln umwuchert ist. Aber der Geist der Stadt ist nicht klein, er strebte immer nach dem Höchsten. Das spürt man tatsächlich, wenn man in Tübingen herumspaziert. Die Stadt hat ihren ganz eigenen Charme, und sie pflegt die Tradition. Wo sonst kann man an einem Stadtrundgang in der Sprache des Mittelalters teilnehmen, in Latein?

Verkehrsverein Tübingen
An der Neckarbrücke, 72072 Tübingen
✆ (070 71) 913 60, www.tuebingen.de
Mo–Fr 9–19, Sa 10–16, im Sommer auch So 11–16 Uhr. ∎

Museen, Architektur und andere Sehenswürdigkeiten

Museen

Historische Spielkarte im Deutschen Spielkartenmuseum

Deutsches Spielkartenmuseum
➡ aD2
Schönbuchstr. 32
Leinfelden-Echterdingen
S1–3 Rohr, U5 Leinfelden
✆ (07 11) 756 01 20
www.spielkartenmuseum.de
Do–Sa 14–17, So/Fei 11–17 Uhr
Eintritt frei
Spielnachmittage für Kinder von 6–12 Jahren an jedem letzten Do im Monat
Im südlichen Nachbarort von Stuttgart, der an der Stadtgrenze liegt, wird die größte Spielkartensammlung Europas aufbewahrt: 14 000 Kartenspiele und 400 000 Einzelkarten, darunter Spiel-, Lehr-, Tarot- und andere Wahrsagekarten aus aller Welt. Es ist erstaunlich, wie fantasievoll die bunten Karten gestaltet sind.

Zum Haus gehören außerdem ein Archiv und eine Spezialbibliothek. Hin und wieder werden Sonderausstellungen arrangiert. An vielen Sonntagen gibt es Lesungen, Konzerte und – nicht nur für den Nachwuchs aufregend – Zaubervorstellungen.

Haus der Geschichte Baden-Württembergs ➡ F4
Konrad-Adenauer-Str. 16
✆ (07 11) 212 40 02
www.hdgbw.de
Tägl. außer Mo 10–18, Do bis 21 Uhr, Eintritt € 3/2, Familienticket € 5, Sonderausstellung € 2,50/1,50, Familienticket € 4
Den futuristisch anmutenden Ergänzungsbau der Neuen Staatsgalerie hat sich Baden-Württemberg zu seinem 50. Geburtstag 2002 zum Geschenk gemacht. Er liegt inmitten der Kulturmeile und vollendet die Neue Staatsgalerie und Musikhochschule. Diesem Museum haftet nichts Staubtrockenes an. Die Geschichte der beiden verwaltungsmäßig, aber nicht mit den Herzen seiner Bewohner zusammengewachsenen Länder Baden und Württemberg wird hier mit Pfiff präsentiert. Eine Ironie, die der uralten »Feindschaft« gerecht wird. Da wird geflachst über Brezel und Kehrwoche, Weinambitionen und Dialekteigenarten. Die Exponate sind witzig angeordnet. Der Museumsshop ist eine Fundgrube für ausgefallene Mitbringsel.

❻ Hegel-Haus ➡ G3
Eberhardstr. 53
✆ (07 11) 216 67 33
www.stuttgart.de/hegelhaus
Mo–Fr 10–17.30, Do 10–18.30, Sa 10–16 Uhr, Eintritt frei
»Der Schiller und der Hegel, das

ist bei uns die Regel«, dichtet selbstbewusst der Stuttgarter Volksmund. Der Philosoph gehört zu den berühmtesten Söhnen der Stadt und zu den größten Philosophen deutscher Zunge, am 27. August 1770 wurde er hier geboren. Das Haus aus dem 16. Jh. sieht nach Umbauten und Veränderungen längst nicht mehr so aus wie zur Zeit des Meisters. Aber es ist mustergültig zur würdigen Gedenkstätte restauriert.

In der Ausstellung geht es zum einen um Stuttgart in Hegels Zeit bis 1831, zum anderen um seine weiteren Lebensstationen, als er nach Berlin zog. Zu sehen sind Handschriften, Bilder und andere Dokumente.

Kunstmuseum Stuttgart ➡ F3
Kleiner Schlossplatz 1
☎ (07 11) 216 21 88
www.kunstmuseum-stuttgart.com
Tägl. außer Mo 10–18, Mi und Fr bis 21 Uhr, Eintritt € 5/3,50, Familienticket € 11
(Bei Sonderausstellungen variiert der Eintrittspreis)
Mit der Eröffnung des Neubaus im März 2005 findet Stuttgarts Kunstsammlung, u.a. mit Werken von Otto Dix, Oskar Schlemmer und Willi Baumeister, den ihr angemessenen Rahmen und mit 5000 m² Ausstellungsfläche nun auch genügend Raum. Im Kubus, dem einzigen von außen sichtbaren Gebäudeteil, finden drei bis vier große Sonderausstellungen pro Jahr statt.

Landesmuseum Württemberg/
❷ Altes Schloss ➡ F3
Schillerplatz 6
☎ (07 11) 89 53 51 11
www.landesmuseum-stuttgart.de
Di–So 10–17 Uhr
Eintritt € 8/6, Kinder bis 12 Jahre frei
Württembergische Geschichte

Georg Wilhelm Friedrich Hegel

wird hier in einem neu renovierten Rahmen im Souterrain des Alten Schlosses gezeigt. Das Museum wurde umgekrempelt und erweitert. Durch verglaste Löcher im Boden blickt man auf Mauerreste aus dem 13. Jahrhundert. Die kulturgeschichtliche Darstellung reicht zurück bis in die Steinzeit und tangiert die Gegenwart. Württemberg in allem und über allem. Beachtenswert sind die Grabbeigaben des Keltenfürsten, sie sind original. Der Württembergische Kronschatz wird im Turm präsentiert. Auch äußerst wertvolle Uhren aus der Zeit der Renaissance sind zu bestaunen. Beliebt ist die Kunstpause jeden Donnerstag von 12.30 bis 13 Uhr, jedes Mal wird

Zen-Ambiente vor dem Kunstmuseum Stuttgart

Im Landesmuseum Württemberg: der »Thalheimer Altar« (um 1518)

dabei ein anderes Ausstellungsstück erklärt.

Ebenso gut kommt die Musikpause am Freitag von 12.30 bis 13 Uhr im Fruchtkasten an, einem zum Landesmuseum gehörenden Gebäude. Studenten der Musikhochschule zeigen dabei ihr Können auf einem Doppelflügel. Im **Fruchtkasten** neben der Stiftskirche sind Musikinstrumente aus vier Jahrhunderten zu sehen. Bereits 1393 wurde das Haus als herrschaftliche Große Kelter erwähnt. Der steile Renaissancegiebel stammt von 1596. Einst diente der Fruchtkasten als Lagerhaus für Wein und Korn der feinen Gesellschaft.

Lapidarium ➡ aC2/3
Mörikestr. 24/1

S1–6 Feuersee
✆ (07 11) 216 63 27
www.lapidarium.de
Mitte April–Mitte Sept. Mi/Do, Sa/So 14–18 Uhr, Eintritt frei
Inmitten eines der besterhaltenen Stuttgarter Innenstadtviertel liegt das Lapidarium, ein Freilichtmuseum mit mehr als 200 steinernen Überresten. Es bietet ein anschauliches Bild vergangener Stuttgarter Stadtkultur. Die Terrassenanlage wurde nach dem Vorbild italienischer Renaissancegärten gestaltet. Am eindrucksvollsten sind das Portal der Großen Mühle (1613), das kostbare Portalfragment des Alten Steinhauses (ca. 1250) und die Eingangsfassade eines bürgerlichen Wohnhauses (1596). Interessant ist auch die Jaspis-Schale der Königin Olga

(1858). Zwischen den Steinzeugen und Skulpturen werden oft abendliche Konzerte und Lesungen abgehalten. Ein wichtiger Ort für Stuttgart, dessen Bausubstanz größtenteils im Zweiten Weltkrieg zerstört wurde.

Linden-Museum → E2
Hegelplatz 1
℡ (07 11) 202 23
www.lindenmuseum.de
Di–So 10–17, Mi bis 20 Uhr
Eintritt € 4/3 (Kinder bis 13 Jahre),
Familienticket € 7

Schiller-Denkmal in Marbach

Das Staatliche Museum für Völkerkunde, untergebracht in einem stattlichen Palais, das Karl Graf von Linden 1911 bauen ließ, nachdem er auf seinen unentwegten Reisen mehr als 100 000 Stücke aus allen Kontinenten der Welt zusammengetragen hatte, bietet Dauer- und themenorientierte Sonderausstellungen über Völker und Kulturen der Welt. Das bunt bestückte Museum machte immer schon Lust auf die große weite Welt und war unter der Bürgerschaft außerordentlich populär. Bis heute bekommen viele Stuttgarter Kinder hier zum ersten Mal eine Ahnung von der Vielfalt der Welt, viele Erwachsene staunen darüber, was es alles gibt. Besonders noch ursprünglich lebenden Volksgruppen, wie Indios oder Australiens Aborigines, wird viel Platz eingeräumt.

Zu den Schätzen gehört eine buddhistische Meditationsanleitung, das Yamantaka-Sandmandala, die so wertvoll ist, dass sie erst konserviert werden konnte, nachdem der Dalai Lama die Erlaubnis erteilt hatte. Das Linden-Museum gehört vom Anspruch her, aber auch von seiner Ausstattung zu den bedeutendsten ethnografischen Museen Europas.

Literaturmuseum der Moderne/ Schiller-Nationalmuseum → aA3
Schillerhöhe 8–10, 71672 Marbach am Neckar
Ab Stuttgart Hbf. S4 Richtung Ludwigsburg-Marbach
℡ (071 44) 84 80
www.dla-marbach.de
Literaturmuseum der Moderne
Di–So 10–18 Uhr
Eintritt € 7/5, Familienticket € 15
Schiller-Nationalmuseum Di–So

Hier ist Literatur drin: das Literaturmuseum der Moderne

10–18, Mi 10–20 Uhr, Eintritt € 7/5
Das Museum zeigt Bücher, Handschriften, Schreibmaschinen, Nobelpreismedaillen und andere Hinterlassenschaften. Seit 1903 werden sie gesammelt in der Terrassenstadt Marbach, 25 km nördlich von Stuttgart. 2006 wurden sie ins neue **Literaturmuseum der Moderne** (LiMo) überführt. Der zwölf Mio. Euro teure Erweiterungsbau, geschaffen vom britischen Architekten David Chipperfield, bietet 1000 m² Ausstellungsfläche auf dem neuesten Stand der Technik. Zum ersten Mal sind literaturwissenschaftliche Erkenntnisse – epochale Strömungen, Gattungsfragen und ästhetische Stile – visualisiert worden. Neben der Vergangenheit schaffen Werkstattgespräche mit Schriftstellern eine Verbindung zur Zukunft.

Streng klassisch hat Chipperfield das Gebäude gestaltet, in der Form eines modernen griechischen Tempels. Manche finden es zu herb und spartanisch, andere sind entzückt, dass der Architekt sich zurücknahm und der Literatur huldigt. Neben den Räumlichkeiten für die Dauerausstellung stehen drei Räume für ständige Wechselausstellungen zur Verfügung. Sparsam variiert in Dichte, Höhe und Ausrichtung, mit von innen erleuchteten Vitrinen. Gediegener Minimalismus, ein Bücherhort mit Loggien und Foyers, die weite Blicke über das Neckartal gestatten.

Das Haus besitzt mehr als 1100 Nachlässe von Schriftstellern und Gelehrten aus vier Jahrhunderten: mit Original-Manuskripten, Briefen und Memorabilia, etwa von Theodor Fontane, Franz Kafka, Rainer Maria Rilke oder Kurt Tucholsky. Um sie vor zu starkem Licht zu schützen, sind sie in Kabinetten untergebracht, die mit dunkelbraunen, warmen Hölzern verkleidet sind. Ein Glücksfall für Marbach und die deutsche Literatur.

Deutschlands Nationaldichter Friedrich Schiller stammt aus Marbach. Die Marbacher waren lange verstimmt, als die Stuttgarter ihnen den berühmten Sohn »wegnahmen«, indem sie im Zentrum der Stadt ein Denkmal errichten ließen. Doch 1876 hob das kleine Marbach seinen Genius auf den Sockel, gegossen aus 32 Zentnern eingeschmolzenen, erbeuteten französischen Kanonen. Bis heute steht er auf der Marbacher Schillerhöhe, das nach ihm benannte Museum wird derzeit restauriert.

7 Mercedes-Benz Museum
➡ D10
Mercedesstr. 100, Untertürkheim
S1 Gottlieb-Daimler-Stadion
✆ (07 11) 173 00 00

Das Mercedes-Benz Museum zeigt Exponate vom ersten Auto der Welt bis zu modernsten Forschungsfahrzeugen

Mobile Geschichte zum Erleben im Mercedes-Benz Museum

www.mercedes-benz-museum.de
www.mercedes-benz.com/welt
Di–So 9–18 Uhr
Eintritt € 8/4, Kinder bis 14 Jahre
frei
Nach Umbauarbeiten wurde das
Museum im Mai 2006 feierlich wieder eröffnet – größer und schöner
als zuvor. Es ist untergebracht in
einem 60 000 m² großen Areal vor
dem Haupttor des Stammwerks
von Daimler-Benz, neben der
Mercedes-Benz Arena. Die futuristische Anlage umfasst neben dem
Museum ein Neuwagenverkaufs-
Center, Kindermuseum, Shop, Gastronomie und ein Freigelände mit
Open-Air-Arena.

Das Museum präsentiert sich in
einem 47 m hohen Bau, in dem
weiter die Produktionsgeschichte
der ältesten Automobilfabrikation
ab 1886 dargestellt wird, aber mit
Hilfe neuester Medien, Informa-
tions- und Kommunikationssyste-
me auch der »Mythos Mercedes«
vermittelt wird.
Zu sehen sind die erste Daimler-
Motorkutsche, die ersten Automo-
bile mit dem Stern, die Nobelli-
mousine des japanischen Kaisers,
ein echter »Silberpfeil« des sechs-
maligen Formel-1-Weltmeisters
Fangio, aber auch die Vielfalt der
Nutzfahrzeuge, mit denen Mercedes die Welt erobert hat.

Spektakulär: Das neue Porsche-Museum ruht auf drei gewaltigen Stützen

Auf einer Plattform steht der erste von Carl Benz entwickelte Linienbus, der 1895 zwischen Siegen und Deutz verkehrte. Mit 5 PS brachte er es auf max. 15 km/h, an steilen Abschnitten mussten die Passagiere aussteigen und schieben.

Porsche-Museum ➡ aB3
Porscheplatz 1, Zuffenhausen
℡ 018 05-35 69 11
www.porsche.de/museum
Di–So 9–18 Uhr, Eintritt € 8/4, Kinder bis 14 Jahre frei
Des Deutschen liebstes Kind ist das Auto, und wer es sich leisten kann, wählt einen Porsche, ein Automobil von Weltruf. Im 100 Mio. Euro teuren Museum, das der exklusive Sportwagenhersteller nach Plänen des Wiener Architekten-Duo Elke Delugan-Meissl und Roman Delugan bauen ließ, wird die Pionierarbeit von Ferdinand Porsche, der

Im Staatlichen Museum für Naturkunde

1951 starb, dargestellt. Mehrere Prototypen der Marke Porsche sind zu sehen, darunter auch der erste Porsche, der Typ 356. Natürlich gibt es auch die ganze stolze Gegenwartspracht dieses im internationalen Vergleich und Umsatz nur mittelmäßigen, dafür aber äußerst gewinnträchtigen Automobilherstellers zu bewundern.

Staatliches Museum für Naturkunde
– Museum am Löwentor ➡ A4
Rosenstein 1
S4–6, U15 Nordbahnhof
– Museum Schloss Rosenstein
➡ B6
Rosensteinpark
U14 Wilhelma
℡ (07 11) 89 36-0
www.naturkundemuseum-bw.de/stuttgart
Di–Fr 9–17, Sa/So/Fei 10–18 Uhr
Eintritt € 4/2,50, Familienticket € 9
Das 1985 eröffnete Museum zeigt die paläontologische Sammlung im Museum am Löwentor, mit Fossilien aus der Urzeit Südwestdeutschlands, bis zu 200 Mio. Jahre alt, dazu Dinosaurier aus dem Trias, Flugechsen und die ältesten Schildkröten der Erdgeschichte. Die biologische Sammlung ist im Schloss Rosenstein oberhalb der

Wilhelma zu sehen, ein markierter Fußweg führt dorthin. Imponierend sind der 3 m hohe, präparierte afrikanische Elefantenbulle und ein 13 m langer Seewal, in dessen Inneres man schauen kann. Auch allerhand anderes Getier steht hier herum. Dazu werden die Themen Alpen, Bäume und das Ökosystem Boden erläutert. Eine interessante Ausstellung, auch für Kinder, für die es auch Sonderführungen gibt.

❸ Staatsgalerie Stuttgart ➡ F4
Konrad-Adenauer-Str. 30–32
✆ (07 11) 47 04 00
www.staatsgalerie.de
Di–So 10–18, Di und Do bis 20 Uhr
Eintritt € 5,50/4, Familienkarte € 10
(inkl. zwei Kindern bis 12 Jahre),
Mi Eintritt frei; Sonderausstellung
€ 10/7
Jeden ersten Sa im Monat Kunst-Nacht 18–24 Uhr, dann Eintritt € 10
An der sogenannten Stuttgarter Kunstmeile geht die **Neue Staatsgalerie**, ein Beispiel für postmoderne Architektur, mit der spätklassizistischen **Alten Staatsgalerie** eine interessante Verbindung ein. Letztere wurde im 19. Jh. gegründet, der Neubau stammt aus dem Jahr 1984 und wurde nach Plänen

Die spätklassizistische Alte Staatsgalerie präsentiert Glanzstücke der Malerei von der Gotik bis zum Impressionismus, darunter Hans Memlings Gemälde »Bathseba im Bade« (um 1485)

Aus der Vogelperspektive gesehen: die Neue Staatsgalerie mit Schwerpunkt »Klassische Moderne«

des britischen Architekten James Stirling errichtet. 2002 kam ein Erweiterungsbau hinzu, in dem ausschließlich die grafische Sammlung gezeigt wird.

Besonderer Anziehungspunkt ist die Picasso-Sammlung, eine der größten überhaupt. Wechselausstellungen bringen hochrangige Kunst aus aller Welt nach Stuttgart. Stimmungsvoll präsentiert sich der Skulptureninnenhof. Neben Themen- und Sonderführungen werden interessante Vortragsreihen des Stuttgarter Galerievereins veranstaltet.

Seit einiger Zeit versteht sich das Haus als »Museum in Motion«. Das bedeutet, dass Werke öfter gewechselt und die Wände in unterschiedlichen Farben gestaltet werden. So soll der Blick verfremdet und neu geweckt werden. Den grasgrünen Boden der Neuen Staatsgalerie sollte man einmal gesehen haben – so kann eine Farbe leuchten.

Theodor-Heuss-Haus ➡ C1
Feuerbacher Weg 46, Killesberg
✆ (07 11) 253 55 58
www.stiftung-heuss-haus.de
Di–So 10–18 Uhr, Eintritt € 3/1,50

Theodor Heuss, ein erklärter Demokrat und Antifaschist, war der erste Bundespräsident der Bundesrepublik Deutschland nach ihrer Gründung 1949. Als solcher fungierte er zwei Amtszeiten, danach – im Herbst 1959 – kehrte er aus Bonn in seine Heimatstadt Stuttgart zurück. Dort hatte er sich noch mit seiner Frau, die bereits 1952 gestorben war, auf dem Killesberg ein Einfamilienhaus bauen lassen, die Pläne dazu stammten von Theo W. Karbiener. Hier lebte er bis zu seinem Tod, empfing politischen und privaten Besuch und schrieb an seinen Memoiren. Sie waren die Erweiterung der 1945 begonnenen biografischen Skizzen »Vorspiele des Lebens« und erschienen später unter dem Titel »Erinnerungen 1905–1933«. Heuss nahm rege Anteil am öffentlichen Leben in Stuttgart, von hier aus unternahm er noch zwei wichtige Reisen nach Israel und Indien. Am 12. Dezember 1963 verstarb der Altbundespräsident in seinem letzten Domizil im Kreis seiner Familie, das Sterbezimmer ist heute Erinnerungszimmer.

1995 erwarb die Stiftung Bundespräsident-Theodor-Heuss-Haus

Dauerausstellung im Theodor-Heuss-Haus

Der Weinbau in Stuttgart umfasst gut zwei Prozent der Stadtfläche

das Gebäude und musealisierte es. Durch einen Anbau nach einem Entwurf des Architekturbüros Günter Behnisch und Partner wurden die Räumlichkeiten für die Ausstellung erweitert, ab 2002 ist sie als ständige Einrichtung im Gartengeschoss zu besichtigen.

Der Journalist, Schriftsteller, Dozent und Staatsmann Heuss war unentwegt und vielfältig tätig, das wird anhand von rund 1000 Hinterlassenschaften belegt. Sie sind eingebettet in vier Epochen deutscher Geschichte im 20. Jh., die alle politisch-soziale Zäsuren darstellten. Heuss, oft als aufgeräumter älterer Herr mit seiner Zigarre dargestellt, ging es vor allem um die Verankerung und Pflege der demokratischen und rechtsstaatlichen Tradition. Sein Lebenslauf ist typisch für das schwierige vergangene Jahrhundert mit den beiden Weltkriegen und hochspannend.

Für Authentizität sorgen Arbeits-, Wohn- und Esszimmer mit den erhaltenen Originalmöbeln der Familie. Original sind auch ein Rundfunkempfänger und eine Wahlurne aus den 1920-Jahren, Werkbundmöbel, Wahlplakate und Staatsgeschenke, dazu zahlreiche Ton- und Filmdokumente.

Die historischen Zeitumstände werden lebendig.

Weinbaumuseum »Alte Kelter«
➡ aC3
Uhlbacher Platz 4, Uhlbach
✆ (07 11) 216 22 30
www.weinbaumuseum-altekelter.de
April–Okt. Sa 14–18, So/Fei 10–12 und 14–18 Uhr, Eintritt frei
In Stuttgarts am stärksten ländlich geprägtem Stadtteil Uhlbach in einem Neckarseitental wird seit über 700 Jahren Weinbau betrieben. Das Museum dokumentiert diese Entwicklung mit kompletter Küferwerkstatt, Weinpressen, Fässern, Trinkgefäßen und Weinbehältern aus mehreren Jahrhunderten. Auch ein Weinbaulehrpfad kann begangen werden. Natürlich gibt es auch eine Probierstube. Die vor dem Museum platzierte Plastik »Der Gast« wurde von Besuchern in »Säuferle« umgetauft.

Weissenhofmuseum
Vgl. S. 48 f.

Württembergischer Kunstverein
➡ F3
Schlossplatz 2
✆ (07 11) 22 33 70
www.wkv-stuttgart.de

Tägl. außer Mo 11–18, Mi bis 20 Uhr, Eintritt € 5/3
Nach einem Führungswechsel – die Leitung besteht nun aus der Doppelspitze – gibt es ein Novum im traditionsreichen Kunstverein: Er öffnet sich vor allem für Darstellungen aus Osteuropa, Lateinamerika und Asien. Das Ziel: »Den Kunstverein lokal erden, aber international verbinden.« So ist ein großer Teil der globalen Kunstwelt am Neckar zu Hause, aber Künstler aus dem Stuttgarter Raum, die bisher unter das Label Region fielen, stellen nun in international ausgelegten Ausstellungen aus.

Architektur und andere Sehenswürdigkeiten

Bosch-Areal ➡ F1
Breitscheidstr. 4–12/Forststraße
Zusammen mit dem KKL Kultur- und Kongresszentrum Liederhalle beherbergt das Bosch-Areal einen spannenden Mix aus Geschäften, Kinos, Lokalen und Bars. Namensgeberin ist die Firma Bosch, deren 1905 errichtetes Fabrikgebäude hier zeitgemäß genutzt wird. Die Rettung dieses und weiterer prächtiger Baudenkmale verdanken wir den Stuttgarter Bürgern, die verantwortlichen Beamten hatten bereits Abrisspläne erstellen lassen.

Eine Attraktion für kleine wie große Sterngucker: das Carl-Zeiss-Planetarium

Die von Jugendstil und Gründerzeit geprägten Gebäude und der wunderschöne Innenhof, mit einer 1500 m² großen Stahl-Glas-Konstruktion fast komplett überdacht, bilden ein eigenes Stadtviertel. In den Büros haben namhafte Firmen der Medienbranche ihren Sitz sowie seit 2001 das **Literaturhaus**, populär ist das Fitnessstudio.

Cannstatter Carré ➡ A8
Wildunger Str. 2–4, Bad Cannstatt
S1, 2, 3 Bad Cannstatt
℃ (07 11) 900 58 90
www.cannstattercarre.de
Mo–Sa 9.30–20, einzelne Geschäfte bis 22 Uhr
Schaffe, schaffe – Städtle baue.
Auf 80 000 m² verteilen sich 40 Fachgeschäfte aus über 25 Branchen, ihr Motto: »Frecher shoppen«. Dazu Gastronomie, Fitnesseinrichtungen und medizinische Praxen – alles unter einem Dach. Der moderne Bau ist energiesparend, die Fenster können geöffnet werden, und das Parkhaus hat ausreichend Decks. Den Bürgern gefällt das.

Carl-Zeiss-Planetarium ➡ E4
Willy-Brandt-Str. 25
Mittlerer Schlossgarten
℃ (07 11) 162 92 15
www.planetarium-stuttgart.de
Di–Fr 9–11.30 und 14–16.30, Mi und Fr zusätzlich 19–21.30, Sa/So 13–19.30 Uhr
Vorführungen: Di 10 und 15, Mi 10, 15 und 20, Do 10 und 15, Fr 10, 15 und 20, Sa 14, 16 und 18, So 14, 16 und 18 Uhr, Kinderprogramm für Kinder ab 5 Jahren Sa/So 14 Uhr, Eintritt € 6/4
Hier erfahren kleine und große Sterngucker alles über die Entstehung des Universums. Regelmäßig finden Vorträge und Astronomie-Kurse statt. Die Programme wechseln alle zwei Monate. Da das Stuttgarter Planetarium im Mittleren Schlossgarten zu den meistbe-

Der weltweit älteste Fernsehturm bringt es auf 217 Meter

suchten Planetarien Deutschlands gehört, sollte man rechtzeitig Karten reservieren.

❽ Fernsehturm ➡ aC3
Jahnstr. 20, Degerloch
U7, 8, 15 Ruhbank
✆ (07 11) 23 25 97
www.fernsehturmstuttgart.com
Tägl. 9–22.30 Uhr, Aussichtsplattform bis 23 Uhr
Führungen 10–18 Uhr, € 3, Voranmeldung erforderlich
Eintritt € 5/3 (Kinder bis 15 Jahre)
Fernsehtürme gibt es heute in vielen großen Städten der Welt. Dieser aber ist das Urmodell, vom Bauingenieur Fritz Leonhardt ausgetüftelt und 1956 aus Stahlbeton errichtet – der erste der Welt! Zwar bringt die schlanke Säule es »nur« auf 217 m, aber das reicht, um von der Terrasse eine großartige Aussicht über Stuttgart und das Neckartal zu haben. Bei gutem Wetter werden die Alpen gesichtet. Auch Nicht-Stuttgarter können sich in der Höhe standesamtlich trauen lassen.

Hauptbahnhof ➡ E3
Besucherplattform Turmforum Stuttgart
Arnulf-Klett-Platz 2
✆ (07 11) 20 92 29 20
Di/Mi 10–18, Do 10–21, Fr–So 10–18 Uhr
www.turmforum.de, Eintritt frei
Der Kopfbahnhof wurde 1914–27 im Stil der Neuen Sachlichkeit erbaut, überragt von einem 58 m hohen Turm mit Bistro im 8. Stock. Bis 2014 sollen nach dem Projekt »Stuttgart 21« die Gleise unter die Erde gelegt und aus dem Kopf- ein Durchgangsbahnhof werden. Im Turmforum kann man sich über das Mega-Projekt informieren. Im Sommer 2010 entsteht eine massive Protestbewegung gegen den Umbau.

Höhenpark Killesberg ➡ A/B2/3
U7 Killesberg
Ganzjährig geöffnet, Eintritt frei
Ende der 1920-Jahre hatten Stuttgarter die Idee, aus einem aufgelassenen Steinbruch am Killesberg einen Park zu machen. 1930 wurde er eingeweiht, 50 ha groß und mit ambitionierter Gartenkunst gestaltet. Neben den vielen Pflanzen, Blumen und offenen Wiesen, den Teichen und dem Streichelzoo gibt es eine Open-Air-Bühne für Konzerte. Durch die locker angelegte Landschaft dampft auf verschlungenen Gleisen eine Schmalspurbahn, die nicht nur bei Kindern beliebt ist. Zu Anfang unseres Jahrhunderts kam ein 40 m hoher Aussichtsturm hinzu, die Stahlseilkonstruktion

Im Höhenpark auf dem Killesberg findet jährlich ein Sandskulpturen-Festival statt

Das schwäbische »Taj Mahal«: König Wilhelm I. von Württemberg ließ die Grabkapelle 1819 für seine Gemahlin Katharina errichten

mit vier Plattformen erhielt Architekturpreise. Es ist ein bisschen Thrill, dass die Metallstufen beim Besteigen etwas schwanken. Der Aufstieg lohnt sich wegen des unvergesslichen Ausblicks. Am Aussichtsturm befindet sich ein Ausflugslokal mit Sonnenterrasse (Feb.–Nov. tägl. von 11 Uhr bis zum Einbruch der Dunkelheit, Thomasstr. 101, ℰ 07 11-256 05 20, www.hoehencafe.de).

Mercedes-Benz Arena ➡ C9
Mercedesstr. 89
U2, 11, 19 Mercedesstraße
ℰ (07 11) 95 54 31 11
www.mercedes-benz-arena.de
Führungen nur zu bestimmten Terminen, meist Sa 14–15.30 Uhr, Info und Anmeldung erforderlich

Das viertgrößte deutsche Stadion ist die Heimstätte des VfB Stuttgart. Es ist umgeben von einem 55 ha großen Sportzentrum, dem Neckarpark, und unterscheidet sich von anderen Stadien, weil es auch Leichtathleten eine Laufbahn bietet. 1993 fand hier die Leichtathletik-WM statt, 1969 hatte es die erste Kunststofflaufbahn Deutschlands, Europapokal- und Champions League-Spiele wurden ausgetragen.

Zu Beginn des neuen Jahrhunderts erhielt das Stadion eine Dachkonstruktion aus 2700 t Stahl, 420 t Stahlseilen, Gussteilen und Membranüberspannung über dem gesamten Zuschauerbereich. In Vorbereitung der Fußball-WM 2006 erfolgte eine weitere Modernisierung, auch die Infrastruktur im Stadionumfeld wurde verbessert. Mit seinem großzügigen Fan- und Eventcenter, das 40 Mio. Euro kostete, gehört das Stadion zu den zugkräftigsten des Landes.

❀ Grabkapelle auf dem Württemberg ➡ aC4
Württembergstr. 340
ℰ (07 11) 33 71 49
www.grabkapelle-rotenberg.de
März–1./2. Nov., Di–Sa 10–12 und 13–17, So/Fei 10–12 und 13–18 Uhr
Eintritt € 2,20/1,10, Familienticket € 5,50

Fragt man einen Stuttgarter, wo die Grabkapelle zu finden sei, wird er in den meisten Fällen genauso spontan wie falsch »auf dem Rotenberg« antworten. Tatsächlich steht das schwäbische Taj Mahal auf dem Württemberg. Rotenberg ist der Weinort direkt daneben. König Wilhelm I. von Württemberg ließ die Grabkapelle 1819 für seine geliebte Frau Katharina errichten, die Tochter des russischen Zaren. Erst drei Jahre zuvor hatten die beiden geheiratet, mit 31 Jahren starb Katharina.

Ihr Gemahl ließ sogar die noch gut erhaltene Stammburg der Württemberger schleifen, um Platz für das pompöse Grabmal zu schaffen. Obwohl er später seine Cousine Pauline ehelichte, weil ein Stammhalter benötigt wurde – der dann tatsächlich auch das Licht der Welt erblickte –, ließ sich Wilhelm nach seinem Tod an der Seite Katharinas beisetzen. Die beiden liegen bestattet in einem gemeinsamen Sarg aus Carrara-Marmor, der durch eine Öffnung im Boden in der Gruft betrachtet werden kann. »Die Liebe höret nimmer auf« verheißt die Inschrift über der Grabkapelle.

Haus der Dienstleistung ➡ F1
Hohe Str. 16
U2, 4, 9 Berliner Platz
Kein Museum, kein Eintritt, dennoch hochinteressant für Architekturfans: Der Architekt Günter Behnisch hat für die Landesbank Baden-Württemberg ein fröhliches Gebäude errichtet, ein lustiges Bollwerk – und damit einen markanten Beitrag zur Gestaltung der Innenstadt geleistet. Es liegt »Am Bollwerk«, dem höchsten Punkt der Innenstadt, der den Übergang von der historischen Stadt zur Weststadt des 19. Jh. markiert. Die klassische Blockkonstruktion, ein Bau in der Tradition der Stadt, bietet als Dienstleistungszentrum Platz für mehr als 700 Beschäftigte. Besonders originell ist das Fassadendesign, das sich in flirrende Konturen auflöst. Zur geschäftigen Fritz-Elsas-Straße hin ist der Block geöffnet, die oberen Stockwerke ragen über die Partie des Haupteingangs hinaus und eine schräge Glasfassade versetzt den Baukörper optisch in eine prekäre Balance. Eine Ecke des Baublocks ist durch eine schräge Verglasung aufgerissen und kristallin verwandelt. Zwei große computergesteuerte Spiegel auf dem Hausdach lenken das Tageslicht in den schrägen Glasvorhang.

Königsbau ➡ F3
Königstr. 28, am Schlossplatz
✆ (07 11) 228 27 72
www.koenigsbau.de
Di–Fr 11–20, Sa 10–18 Uhr
1856–60 im spätklassizistischen Stil erbaut, beherbergt das Gebäude mit 26 ionischen Säulen und zwei korinthischen Portalen in seinen Säulengängen zahlreiche exklusive Boutiquen. Ein würdevolles Ambiente bietet der denkmalgeschützte Königsbau auch für die Galerie Königsblau, die Klassische Moderne mit lokalem Bezug zeigt. Die Bilder von Malern wie Adolph Hölzel oder Max Ackermann, aber auch zeitgenössischer Künstler sind hier versammelt.

Liederhalle ➡ F2
Kultur- und Kongresszentrum

Ein vielfältiges Gastronomie- und Shopping-Angebot im spätklassizistischen Königsbau

Residenz der württembergischen Könige und imposante innerstädtische Kulisse: das Neue Schloss

Berliner Platz 1–3
℡ (07 11) 202 77 10
Tickets ℡ (07 11) 155 55 55
www.liederhalle-stuttgart.de
»Der erste moderne Saal, der mir gefällt.« Dieses Kompliment stammt von keinem Geringeren als dem berühmten Violinisten Yehudi Menuhin. »Eines der kühnsten Bauwerke moderner Architektur«, jubelte die Presse bei der Eröffnung 1956. Zarah Leander, Herbert von Karajan, Louis Armstrong, Anne-Sophie Mutter und viele andere Künstler lobten die Akustik des Musentempels aus Beton. Inzwischen ist der nach Plänen von Abel, Gutbrod und Spreng entstandene Bau längst denkmalgeschützt.

Die drei unterschiedlich großen Säle gelten akustisch als vollkommen, Tontechniker behaupten, dass es im Beethovensaal, dem größten Raum (2019 Sitzplätze), keine einzige schwache Stelle gebe. Auch die Sichtverhältnisse sind ausgezeichnet. 65 Mio. Euro waren nötig, um die Liederhalle zum Kongresszentrum umzubauen; dabei kam ein getrennter Erweiterungsbau mit zwei weiteren Sälen hinzu. Das Bauensemble zeigt sich siebeneckig, mit Keramik- und Quarzitplättchen verkleidet, mit einer markanten Lichtkuppel darauf und technisch auf dem neuesten Stand. Für Musikliebhaber bleibt es als Liederhalle die erste Adresse.

✤ Markthalle ➜ F3
Dorotheenstr. 4
℡ (07 11) 48 04 10
www.markthalle-stuttgart.de
Mo–Fr 7–18.30, Sa 7–16 Uhr
Das ist eine der schönsten Markthallen Deutschlands. Sie wurde 1914 im Jugendstil erbaut, mit Arkaden und farbigen Fresken und ist heute denkmalgeschützt. Der Architekt war Martin Elsaesser, ein Spezialist für Großbauten – er entwarf z.B. auch die Großmarkthalle in Frankfurt am Main –, die Fresken und Ornamente entstammen den Ateliers von Heinrich Graf und Gustav Rümelin. In den 1970er-Jahren wäre das 60 m lange und 25 m breite Gebäude mit 5000 m^2 Stellfläche beinahe dem Abrisswahn der Stadtplaner zum Opfer gefallen.

An insgesamt 38 Ständen präsentieren die Händler ihre Waren appetitlich arrangiert, bisweilen kunstvoll. Es herrscht ein Hauch von Basar-Atmosphäre, hervorgerufen durch die unterschiedliche Nationalität der Standinhaber. Italiener, Griechen, Ungarn, Türken, Franzosen, Deutsche, aber auch aus dem asiatischen Raum und aus Persien. Neben der Internationalität steht die Qualität der hochwertigen Waren im Vordergrund, auf Frische wird besonders Wert gelegt. Die Mischung aus Spezialitäten, anspruchsvollen Artikeln feiner Lebensart, auch für Haus und Garten, und eine in den letzten Jahren deutlich verbesserte Gastronomie erscheint gelungen. Seit einigen Jahren bereichert das »Besondere Warenhaus« das Angebot der Marktstände um Produkte aus der Möbelwelt. Es gibt auch einen Juwelier und ein Tee- und Kaffeegeschäft mit eigener Rösterei. Unschlagbar ist die Lage mitten in der Stadt.

❶ Neues Schloss ➡ F3
Schlossplatz
Gelegentliche Schlossführungen nur nach vorheriger Anmeldung:
✆ (07 11) 66 73 43 31
www.neues-schloss-stuttgart.de
Vor rund 250 Jahren wurde der Grundstock für das monumentale Gebäude gelegt, das zur Residenz der Könige von Württemberg wurde und heute als imposante innerstädtische Kulisse mit stadtseitigem Flügel und Portikus beliebt ist. Architekt war der Italiener Leopold Retti, Vollender war ab 1805 Nikolaus von Thouret. 1762 brannte ein Teil der Gemäuer ab, erst 1807 wurde das Schloss bezugsfertig. Stilelemente des Spätbarock, Rokoko, Klassizismus und Empire bilden eine harmonische Einheit.

365 Räume, so viel wie das Jahr Tage hat, erhielt die Residenz. In einem davon wurde 1920 der spätere deutsche Bundespräsident Richard von Weizsäcker geboren, dessen Großvater Karl der letzte Ministerpräsident des Königreichs Württemberg war. 1944 wurde das Schloss von Bomben getroffen und schwer beschädigt. 1945 wäre es beinahe abgerissen worden, Bürgerprotest verhinderte das. Ab 1957 wurde das Schloss restauriert, dabei innen völlig umgestaltet; die Arbeiten zogen sich bis 1968 hin. Es hat jetzt sehr viel weniger Räume, die vorhandenen dienen der Landesregierung zu Repräsentationszwecken. Im Weißen Saal finden Konzerte, Vorträge und Tagungen statt, zu denen die Öffentlichkeit Zugang hat.

Porsche-Arena ➡ D10
Mercedesstr. 69
U2, 11, 19 Mercedesstraße
✆ (07 11) 95 54 40
www.in.stuttgart.de
Ebenfalls in den Neckarpark hat der Autobauer Porsche ein architektonisches Prunkstück gesetzt, eine Veranstaltungshalle für 7500 Personen. In dem Multifunktionsbau sind Sportwettbewerbe, Events unterschiedlicher Art, Busi-

Porsche-Tennis-Grand-Prix in der Porsche-Arena

ness-Tagungen und Feste möglich. Bei sehr großen Veranstaltungen wird die benachbarte Hanns-Martin-Schleyer-Halle einbezogen, sie sind durch ein gemeinsames Foyer miteinander verbunden.

Schillerplatz ➜ F3

Eingerahmt vom Prinzenbau, in dem heute das Justizministerium untergebracht ist, dem spätgotischen Fruchtkasten, in dem das Württembergische Landesmuseum seine Instrumentensammlung zeigt, und der Stiftskirche, Stuttgarts ältestem Gebäude. Dies ist einer der lebhaftesten Plätze der Stadt. Doch ob Markt, Weindorf oder Weihnachtsmarkt, der Trubel um ihn herum scheint Friedrich Schiller nicht in seinen Gedanken zu stören. Seit 1839 ehrt das erste Schillerdenkmal Deutschlands großen Dichter.

Schlossplatz ➜ F3

So glanzvoll präsentiert sich die Landeshauptstadt Besuchern im historischen Zentrum: Um Stuttgarts schönsten Platz mit Grün-

Ein Ort zum Flanieren und Parlieren: der Schlossplatz mit dem Schlossbrunnen

flächen, Blumen und Brunnen gruppieren sich die prunkvollsten Gebäude des Zentrums: das Neue und das Alte Schloss, das Kunstgebäude und der Königsbau. Im Neuen Schloss residierten einst die württembergischen Könige, heute nutzt die baden-württembergische Landesregierung den spätbarocken Bau zu Repräsentationszwecken. In der warmen Jahreszeit sitzen die Stuttgarter an den Tischen vor den Cafés und beobachten das rege Treiben vor der fürstlichen Kulisse.

❾ Schloss Solitude ➜ aC2

Solitude 1
✆ (07 11) 69 66 99
www.schloss-solitude.de
April–Okt. Di–Sa 10–12 und 13.30–17, So/Fei 10–17, Nov.–März Di–Sa 10–12 und 13.30–16, So/Fei 10–16 Uhr
Eintritt € 3,50/1,80, Familien € 8,80
Auch der Hochadel brauchte Entspannung. Zu diesem Zweck ließ Herzog Carl Eugen das Lustschloss Solitude (Einsamkeit) im Rokoko-Stil, verspielt und ornamentenreich an seinen Fassaden, 1763–67 erbauen. Er regierte seinerzeit in Ludwigsburg. Noch heute sind Reste der 14 km langen Straße zu sehen, die schnurgerade zu seiner Residenz in Ludwigsburg führte.

Zur Anlage gehören Ballsaal, Kavaliershäuschen, Marstall, Kapelle und Wohnungen für die Lakaien. Doch der zerstreute Herzog vergaß den Schlossbau, schon während des Baus kam es zum Verfall. Später musste es immer wieder aufwändig saniert werden, erst 1990 waren die Arbeiten abgeschlossen. Im Kavaliersbau, einem Nebengebäude, ist heute die Schloss-Gastronomie untergebracht. In einem anderen Teil ist die Akademie Schloss Solitude untergebracht, in der Kunststipendiaten aus aller Welt für einige Zeit leben. Es gibt mehrere perfekt ausgestattete Ateliers.

Das Rokoko-Lustschloss von Herzog Carl Eugen: Schloss Solitude

SI-Erlebnis-Centrum Stuttgart
➜ aC2
Plieninger Str. 100, Möhringen
U5, 6 Möhringen, weiter mit U3
Salzäcker, S1, 2, 3 Vaihingen, Bus
77, 809, 826 Sternhäule
℡ (07 11) 721-11 11, www.si-cent
rum-stuttgart.de, Musicals unter
www.stageholding.de
Tägl. geöffnet, Vorstellungen Di,
Do/Fr 20, Mi 18, Sa 15 und 20, So
14 und 19 Uhr
Eintritt je nach Einrichtung
Das große Gelände in einem eher
abseits gelegenen Stadtbezirk
lockt mit verschiedenen Erlebnis-
angeboten. Größte Attraktion ist
die **Musical Hall** mit Platz für 2200
Zuschauer. Gleich in zwei Theatern
läuft klassisches Entertainment,
viele der Musicals waren zuvor am
New Yorker Broadway zu sehen.
Daneben gibt es ein **Großkino** mit
sechs Sälen und 1480 Sitzplätzen,
vier Themenrestaurants, Geschäfte, eine Hausbrauerei mit eigenem
Biergarten und einen Konferenz-
bereich.

Unter dem Gelände befindet
sich die größte Tiefgarage Europas (4000 m² Nutzfläche, 2500
Stellplätze). Außerdem stehen auf
dem Terrain ein achtgeschossiger
Verwaltungsturm und Apartment-
häuser für gastierende Künstler.

Seit 1996 rollt hier die Roulette-
kugel: Die **Spielbank Stuttgart** ist
die größte in Baden-Württemberg.
Integriert sind Bar und Bistro.

Zur Anlage gehören weiterhin
zwei Hotels und die **Wellness-
Oase** »VitaParc« mit den Schwabenquellen, Stuttgarts größter
Wellnessplatz mit Badelagune, Hamam, acht Saunen, sieben Dampf-
bädern, Gletscherhöhle, Solarien
u.a. Kosmetische Anwendungen
und Massagen sind gegen Aufpreis buchbar. Außer mittwochs
bewegt man sich nackt auf dem
6000 m² großen Gelände (℡ 07
11-72 528 34, www.schwaben-quel
len.de, tägl. 10–23.30 Uhr, Eintritt
ab € 16,90, Tageskarte € 30,90).

Besucher, die sich im Hotel
einquartieren, erleben eine ge-
schlossene Stadt, ein buntes Schla-
raffenland. Es hat seinen Reiz, am
Morgen vom Hotelzimmer im
Bademantel zur Wellnessanwen-
dung zu gehen und am Abend
gedresst mit dem Fahrstuhl ins
Parkett zum Musical zu gleiten.
Alles, was der Besucher in diesem
Kunstpark zu bezahlen hat, wird
bargeldlos auf einer Kreditkarte
verbucht.

✿ **Stiftskirche** ➜ F3
Stiftstr. 12, Schillerplatz
℡ (07 11) 29 42 92
www.stiftskirche-stuttgart.de
Mo–Do 10–19, Fr/Sa 10–16, So
12–18 Uhr

Stuttgarts ältestes erhaltenes Gebäude, eine Kirche mit zwei ungleichen Türmen, steht im Zentrum des alten Stadtkerns. Als im Mai 1534 hier die erste evangelische Predigt gehalten wurde, bedeutete das die Einführung der Reformation in Württemberg. Die Kirche ruht auf den Fundamenten einer frühromanischen Dorfkirche aus dem 10. Jh., was erst 1999 bei archäologischen Grabungen entdeckt wurde. Um 1240 entstand durch Umbau und Erweiterung eine spätromanische dreischiffige Basilika, deren Südturm noch erhalten ist. Der Bau eines Nordturms wurde nie vollendet. Auch in den folgenden Jahrhunderten kam es zu mehreren An- und Umbauten, im 19. Jh. wurde die berühmteste Kirche Stuttgarts gotisiert.

1944 wurde das Gotteshaus von Bomben so schwer getroffen, dass nur die Wände des Chores, die Nordwand des Schiffes und die Türme stehen blieben. 1950 bis 1958 erfolgte der Wiederaufbau, der wiederum mit weitgehenden Umbauten einherging. 1999 bis 2003 wurde die Kirche abermals grundlegend saniert. Eine moderne Dachkonstruktion wurde eingefügt, der Kirchenraum bekommt nun sehr viel mehr Licht und wirkt nicht mehr so düster wie zuvor. Als besonders sehenswert gilt der Schutzmantelchristus in der Taufkapelle. Er stammt vom Ende des 15. Jh. 2004 erhielt die Kirche eine Orgel mit 80 Registern und 5000 Pfeifen. Beachtenswert ist auch das markante Glockengeläut; die größte der Glocken wiegt 5200 kg.

🔹 Verwaltungsgebäude der Züblin AG ➜ aC2
Albstattweg 3, Möhringen
℡ (07 11) 788 30
Nur mit Voranmeldung
Eintritt frei
Eine Augenweide für Architektur-Fans: Der Architekt Gottfried Böhm schuf einen außergewöhnlich modernen Bau mit bugartiger, romantischer Fassade und großem, überdachtem Innenhof.

❿ Weissenhofsiedlung/Weissenhofmuseum ➜ B2
Im Haus Le Corbusier
Rathenaustr. 1–3
U7 Killesberg, Messe
℡ (07 11) 257 91 87
www.weissenhofmuseum.de
Di–Fr 11–18, Sa/So 10–18 Uhr
Eintritt € 4/2, »kleine« und »große« Führungen Di–Fr 15, Sa/So/Fei 11, 15 Uhr, Teilnahme € 5/2
1927 war es eine Sensation, allerdings eine negative. Die Stuttgarter konnten mit diesem avantgardistischen Wohnensemble nicht viel anfangen, sie nannten es wegen seiner weißen Fassaden »Araberdorf« und »Vorstadt Jerusalems«. Unter den Nationalsozialisten war gar zeitweise ein kompletter Abriss geplant. Erst allmählich setzte sich die Überlegung durch, dass hier etwas ganz Neues, Wegweisendes für die Architektur geleistet worden war. Gleich neben dem Messegelände

Stuttgarts ältestes erhaltenes Gebäude: die Stiftskirche am Schillerplatz

Killesberg hatten 17 Architekten aus fünf Ländern die Musterhäuser für die Werkbund-Ausstellung »Die Siedlung« 1927 gebaut. Von einst 21 sind 11 Häuser erhalten, darunter die Bauten von Mies van der Rohe, Peter Behrens, Walter Gropius und Hans Scharoun. Diese Pioniersiedlung beeinflusste die Architekturentwicklung des 20. Jh. Bis heute wirkt sie mit ihren Ansprüchen an Ästhetik, Technik und Hygiene mustergültig.

Das Doppelhaus des Schweizer Architekten Le Corbusier am südöstlichen Rand der Anlage (Rathenaustr. 1–3) wurde aktuell baulich instand gesetzt. In der rechten, kleineren Haushälfte (Nr. 3) wurde im Inneren der Originalzustand wiederhergestellt. In der linken Hälfte (Nr. 1) ist das **Weissenhofmuseum** eingerichtet worden. Noch heute mutet der von Le Corbusier 1927 geschaffene Bau mit dem flexibel nutzbaren Wohnraum hochmodern an – Architektur erscheint hier zeitlos.

Eine Kombination aus Flora und Fauna: das Amazonienhaus in der Wilhelma

Wilhelma ➡ A6
Neckartalstraße, Bad Cannstatt
℡ (07 11) 540 21 37
www.wilhelma.de
Tägl. März und Okt. 8.15–17, April und Sept. 8.15–17.30, Mai–Aug. 8.15–18, Nov.–Feb. 8.15–16 Uhr
Eintritt € 12/6, Abendtarif (März–Okt.) € 9,50/8, Familienticket € 20

Das ist keiner der großen, aber einer der schönsten zoologisch-botanischen Gärten Europas mit knapp 10 000 Tieren von der Seidenspinne bis zum Elefanten. Als einziger Zoo Deutschlands kombiniert er Fauna mit Flora. Der historische Teil der Anlage ist der am stärksten frequentierte, weil er mit Pavillons und Lauben im maurischen Stil, mit Gewächshäusern, Seerosenteich – hier blüht noch die berühmte Victoria regia, die schönste aller Seerosen – und vollendeten Gartenanlagen so romantisch wirkt und als malerischs-ter Ort Stuttgarts gilt. Liebespaare würden diesen Platz am liebsten ausschließlich für sich beanspruchen.

Gegründet vom württembergischen König Wilhelm I. als botanischer Garten, wurde nach Sonderausstellungen einfach »vergessen«, ausgeliehene Tiere an ihre Heimatzoos zurückzugeben. Nach den Verlusten des Zweiten Weltkriegs und des Wiederaufbaus begann mit der Wiedereröffnung 1949 eine neue Ära: Seither werden Tiere gezielt angesiedelt.

Die Menschenaffen-Kolonie mit Gorillas, Orang-Utans, Schimpansen und Bonobos ist weltberühmt, vor allem wegen des Jungtieraufzuchthauses, in dem neugeborene Affen nach Bedarf auch von Pflegern mit der Flasche aufgezogen werden. Interessant ist auch am Ende des Zoogeländes der Schaubauernhof, in dem längst vergessene Haustierrassen und ihre wilden Vorfahren zu besichtigen sind. Einige Tiere dürfen auch gestreichelt werden.

Eine Attraktion ist das gläserne Amazonienhaus, dessen Klima einem südamerikanischen Bergregenwald nachempfunden ist. Sämtliche Vegetationsbereiche eines Regenwalds können hier durchlaufen werden, dabei begegnet man zahlreichen Tieren. ∎

Erleben & Genießen

Übernachten: Hotels und Hostels

Unterkünfte gibt es in Stuttgart für jeden Geldbeutel. Das beginnt bei luxuriösen Spitzenhotels, schließt eine Fülle komfortabler Mittelklassehotels, aber auch Pensionen und Apartments ein. Zudem sind Jugendherbergen vorhanden. In den letzten Jahren sind mehrere neue, moderne Hotels in Betrieb genommen worden.

Die Preise gelten jeweils für ein Doppelzimmer pro Nacht ohne Frühstück.

€	– bis 90 Euro
€€	– 90 bis 150 Euro
€€€	– über 150 Euro

Mövenpick Hotel Stuttgart Airport ➡ aD3
Flughafenstr. 50
70629 Stuttgart
℡ (07 11) 553 44-0
Fax (07 11) 553 44-90 00
www.moevenpick-hotels.com
Exklusives Vier-Sterne-Hotel mit außergewöhnlicher Architektur und einem großartigen Interior Design in Flughafennähe. Mit großzügigem Wellnessbereich und Restaurant mit offenem Kamin. €€€

Romantikhotel Azenberg ➡ D1
Seestr. 114–116

Außergewöhnliche Architektur: das Mövenpick Hotel Stuttgart Airport

70174 Stuttgart
℡ (07 11) 22 55 04-0
Fax (07 11) 22 55 04-99
www.hotelazenberg.de
Gediegener 58-Zimmer-Familienbetrieb mit Landhausflair am Fuß des Killesbergs. Bar mit offenem Kamin, gemütliche Lobby und idyllische Gartenterrasse; Schwimmbad, Sauna, Wellnessbereich. Innenstadtnah und doch mit romantischem Teich. €€€

Steigenberger Graf Zeppelin
➡ E3
Arnulf-Klett-Platz 7
70173 Stuttgart
℡ (07 11) 20 48-0
Fax (07 11) 20 48-542
www.stuttgart.steigenberger.de
Fünf-Sterne-Traditionshotel, direkt am Hauptbahnhof. Hervorragendes, mit einem Michelin-Stern ausgezeichnetes Restaurant. Außerdem Schwimmbad, Spa und Fitnesseinrichtungen. €€€

Hotel am Schlossgarten ➡ E3
Schillerstr. 23
70173 Stuttgart
℡ (07 11) 20 26-0
www.hotelschlossgarten.com
Das Fünf-Sterne-Hotel der Althoff-Gruppe gehört zu dem Leading Hotels of the World und liegt zentral nahe der Königstraße und dem Staatstheater und doch im Grünen, nämlich an einem der schönsten Stuttgarter Parks, dem Schlossgarten. Die Einrichtung ist gediegen-elegant, das Gourmetrestaurant Zirbelstube mit Panoramaterrasse zum Schlosspark trägt einen Michelin-Stern. €€€

relaxa Waldhotel Schatten
➡ aC2
Magstadter Str. 2–4
70569 Stuttgart
℃ (07 11) 68 67-0
www.relaxa-hotel.de
Das Verwöhnhotel, das zum Entspannen an der Peripherie der Stadt einlädt, liegt im Grünen und nahe der einstigen Rennstrecke Solitude. €€–€€€

Der Zauberlehrling ➡ G3
Rosenstr. 38, 70182 Stuttgart
℃ (07 11) 23 77 77-0
Fax (07 11) 23 77 77-5
www.zauberlehrling.de
Exquisites Designhotel mit 13 Zimmern und vier Suiten in zwei Häusern im Bohnenviertel, dem kleinen Rest, der von der Altstadt übrig geblieben ist. Mit Restaurant. €€–€€€

Abalon Hotel Ideal ➡ südl. G3
Zimmermannstr. 7–9
70182 Stuttgart
U5, U6, U7, U15 Olgaeck
℃ (07 11) 217 10
Fax (07 11) 21 72 17
www.abalon.de
Komfortable Unterkunft, am Hang gelegen und nahe zum Zentrum. Schönes Frühstücksbistro in der Dachterrasse. €€

Arcotel Camino ➡ D3
Heilbronner Str. 21
70191 Stuttgart
℃ (07 11) 25 85 80
www.arcotel.at/camino
Die österreichische Hotelgruppe hat ihr Haus mit denkmalgeschützter Fassade und Themenzimmern in der Nähe des Hauptbahnhofs eröffnet. €€

City Hotel ➡ F4
Uhlandstr. 18, 70182 Stuttgart
℃ (07 11) 21 08 10
Fax (07 11) 236 97 72
www.cityhotel-stuttgart.de

Hübsche kleine Hotelanlage in ruhigem Viertel, nicht weit vom Schlossplatz entfernt. €€

Flair-Hotel Wörtz zur Weinsteige
➡ G4
Hohenheimer Str. 28–30
70184 Stuttgart
℃ (07 11) 23 67 00-0
Fax (07 11) 23 67 00-7
www.hotel-woertz.de
Haus mit familiärer Atmosphäre, authentisch schwäbisch bis zu den handbeschnitzten Schränken und Betten und den Weinen im Gewölbekeller. €€

Hotel Möhringer Hof ➡ aC2
Hechinger Str. 64–68
70567 Stuttgart
℃ (07 11) 719 70-0
Fax (07 11) 719 70-9
www.hotel-moehringerhof.de
Das »Musicalhotel« hat große und modern eingerichtete Zimmer, der Shuttle-Dienst zu den Musicals ist gratis, das Frühstück wird im Wintergarten eingenommen. €€

Best Western Hotel Ketterer
➡ G2
Marienstr. 36
70178 Stuttgart
℃ (07 11) 20 39-0
Fax (07 11) 20 39-600
www.ketterer.bestwestern.de
Funktional eingerichtete Zimmer. Gute Küche. Mit eigener Brauerei und uriger Gaststube. €

Hostel Alex 30 ➡ G4
Alexanderstr. 30
70184 Stuttgart
℃ (07 11) 83 88 95-0
Fax (07 11) 83 88 95-20
www.alex30-hostel.de
Stuttgarts erstes Backpacker-Hostel in zentraler Lage. 30 Zimmer und zwei Apartments für 60 Gäste. Einfach und zweckmäßig eingerichtet, günstige Preise. € ∎

Essen und Trinken: Restaurants, Gastwirtschaften

Eine schwäbische Gaumenfreude – Maultaschen

In Stuttgart kocht die halbe Welt. Seit den 60er-Jahren des 20. Jahrhunderts ist die Stadt ein Schmelztiegel, bevorzugt von Einwanderern aus Südeuropa und dem Balkan, denn hier gibt es gute Jobs. Die zugereisten Köche dürfen variieren, aber alles bleibt dabei schwäbisch: Kraftbrühe mit Kräuterflädle. Kalbshaxenfleisch aus dem Backofen. *Tellerrieslingkutteln* mit Bauernbrot. Rostbraten mit *Spätzla*. Aber auch *Bubespitzla* (oder: Schlupfnudeln, fingerdicke Würstchen aus Kartoffeln mit Ei und Gewürzen) oder *Ofaschlupfer* (Semmelauflauf mit Äpfeln oder Aprikosen und warmer Vanillesoße). Und Maultaschen, *geschmäluzt*, mit Ei geröstet, Schweizer Art und mit Joghurtsoße.

Der schwäbische Kartoffelsalat schließlich gilt als die Krönung sämtlicher Kartoffelsalat-Varianten. Er unterscheidet sich vom Rheinischen und der Frankfurter Art, weil er mit viel Öl und Weinessig zubereitet ist und die Kartoffeln schon am Vortag gekocht werden. Statt Fleischbrühe kann man Spätzlewasser dazugeben, diese Kreation hat eine ganz eigene Note. Eben eine besonders schwäbische.

Als schwäbische Spezialitäten gelten in erster Linie Spätzle (vgl. S. 13), aber auch die Laugenbrezel. Sie gehört zur Nahrungsmittelkette des Schwaben von seiner Babyzeit bis ins Greisenalter. Man kann die Brezel nicht nur kauen, sondern auch nuckeln oder eingetunkt in Flüssigkeit zu sich nehmen. Selbst auf Partys und bei Staatsempfängen wird die Brezel gereicht, oft mit Butter. Das Backwerk in Form einer Acht hat eine lange Karriere hinter sich und ist mit dieser noch lange nicht am Ende. Es ist einfach ein *supa Geschmäckle*.

Ein typisch schwäbisches Gebäck sind die Laugenbrezeln

Die nachfolgenden Restaurants sind nach Preiskategorien sortiert, die jeweils für ein Hauptgericht ohne Getränke gelten.

€	– bis 10 Euro
€€	– 10 bis 25 Euro
€€€	– über 25 Euro

Restaurants

Restaurant Breitenbach ➡ aC2
Gebelsbergstr. 97
℘ (07 11) 640 64 67
www.restaurant-breitenbach.de
Di–Sa 18.30–1 Uhr
Flädle mit Artischocken – auf die Idee muss man erst mal kommen. Der vielgereiste Benjamin Breiten-

»Restaurant Wielandshöhe – Vincent Klink« in Stuttgart-Degerloch

bach lässt sich immer wieder etwas Neues einfallen. Das hat natürlich seinen Preis, aber man kommt ja nicht jeden Tag in den Süden der Stadt. €€€

Wielandshöhe – Vincent Klink
➡ aC3
Alte Weinsteige 71
✆ (07 11) 640 88 48
U5, U6 Weinsteige, weiter mit der Zahnradbahn
www.wielandshoehe.de
Di–Sa 12–14 und 18–24 Uhr
Vincent Klink, das ist ein Markenartikel. Feine schwäbische Küche, mediterran gekreuzt. Nur beste Produkte werden verarbeitet, und die Weine sind die besten. €€€

Feinkost Böhm ➡ F3
Kronprinzstr. 6
✆ (07 11) 227 56 28
www.feinkost-boehm.de
Mo–Do 10–20, Fr/Sa 9–20 Uhr
Unweit des Kleinen Schlossplatzes hat Stuttgarts oberster Delikatessen-Dealer Ferdinand »Nando« Piech, erstgeborener Sohn des gleichnamigen VW-Patriarchen, ein hochmodernes Restaurant mit ungewöhnlichen Öffnungszeiten etabliert. Schwäbische Sparsamkeit gibt es nicht. Zur Edelküche, die zwischen Sushi und Maultaschen höchsten Qualitätsansprüchen genügt, gibt es nur Kaschmir-Pullover und Goldkettchen. Empfehlenswert ist das täglich wechselnde Business-Menü für € 19,50. €€–€€€

Oggi ➡ F3
Kleiner Schlossplatz 11
✆ (07 11) 284 59 90
www.oggi-stuttgart.de
Tägl. 11.30–24 Uhr
Ein Edel-Italiener mit volkstümlichen Preisen und ohne Pseudo-Italo-Sprech (»Buon giorno«). Bei Baby-Oktopus und Saltimbocca kann man den hell erleuchteten Glaswürfel des Kunstmuseums betrachten. Unbedingt reservieren. €€–€€€

Rosenau ➡ G1
Rotebühlstr. 109b
✆ (07 11) 661 90 10
www.rosenau-stuttgart.de
Mo–Sa 11.30–23 Uhr
S1, 2, 3 Stuttgart-West
Eine Gastro-Kultur-Institution mit zwei großen Sälen, Bühne und lauschigem Hinterhof. Hier freut sich neben dem Magen auch das Auge. €€–€€€

Tauberquelle ➡ G3
Torstr. 19

Schwäbischer Rostbraten mit »Spätzla« – eine kulinarische Spezialität

℡ (07 11) 553 29 33
www.tauberquelle-stuttgart.de
Tägl. 11.30–24 Uhr
Fleischküchle und anderes, was urschwäbisch ist. Nur verfeinert, nobler, dem denkmalgeschützten Ambiente angepasst. Ein wirklich schöner Platz zum Essen. €€–€€€

Amici ➡ F3
Lautenschlagerstr. 2
℡ (07 11) 227 02 92
www.amici.de
Mo–Do 11–2, Fr 11–5, Sa 15–5, So/Fei 17–2 Uhr
Ein Lokal für Nachtschwärmer. Modern-edel das Ambiente, international die Speisekarte mit Schwerpunkt mediterran. Für die warme Jahreszeit gibt es eine Sonnenterrasse. €€

Augustenstüble ➡ westl. G1
Augustenstr. 104
℡ (07 11) 62 12 48
www.augustenstueble.de
Mo–Sa 18–1 Uhr
Rustikal, aber voller Familien und Paare, auch künstlerisch umtriebiger Menschen, die schwäbische Speisen gern in gemütlicher Atmosphäre zu sich nehmen. €€

Bo'teca dei Vino ➡ aC2
Beethovenstr. 30, Botnang
℡ (07 11) 620 51 63
www.boteca-stuttgart.de
Do/Fr/Sa ab 18 Uhr

Klein und fein, das lichte Landhausambiente in zwei miteinander verbundenen Räumen wird von zwei Deutsch-Italienern mit Charme gemanagt. €€

Brauereigaststätte Dinkelacker ➡ G2
Tübinger Str. 46
℡ (07 11) 60 37 97
www.brauereigaststätte-dinkelacker.de
Mo–Sa 10.30–24 Uhr
Der Name ist Programm: Dinkel gehört zur schwäbischen Küche. Dazu bestellt man ein frisch gebrautes Weizen oder Pils. Sogar für Vegetarier findet sich ein Angebot. €€

Cafe Bar Gecko ➡ G2
Marienstr. 14
℡ (07 11) 41 03 13
www.cafe-gecko.de
Tägl. ab 11.30 Uhr
Hier macht das Essen und Feiern Laune. Moderne Location, moderne Gerichte und an manchen Abenden geht alles in eine DJ-Night über. €€

Cantina Toscana ➡ G3
Brennerstr. 27
℡ (07 11) 24 11 80
www.cantina-toscana.de
Mo–Fr 17–23, Sa 13–24 Uhr
Beliebter Italiener im Bohnenviertel mit netter Weinstube. Jeden Tag steht ein anderes Nudelgericht im Mittelpunkt, immer gut sind die *bruschette*. Der Wirt bezieht Lebensmittel und Wein direkt aus der Toskana. €€

Cube Restaurant ➡ F3
Kleiner Schlossplatz 1, im Kunstmuseum
℡ (07 11) 280 44 41 und 280 44 39
www.cube-restaurant.de
Tägl. 11.30–24 Uhr
Bei internationaler Küche großartiger Blick aus dem obersten Stockwerk des Kunstmuseums. Das Raumgefühl inmitten der

Glaswände ist einmalig, das Design großzügig. €€

Das Gast ➡ F4
Konrad-Adenauer-Str. 30–32, in der Neuen Staatsgalerie
✆ (07 11) 67 27 17 34
www.das-gast.de
Di/Mi, So 10–24, Do–Sa 10–1 Uhr
Internationale Spezialitäten und köstliche Patisserie. Am Wochenende umfangreiches Frühstücksbuffet. €€

Hegel eins ➡ E2
Hegelplatz 1, im Linden-Museum
✆ (07 11) 674 43 60
www.hegeleins.de
Mo–Sa 11–23 Uhr
Der Präsident des Fußballvereins VfB Stuttgart, Erwin Staudt, nennt die Location ein »modernes, chichifreies Jägerstüble«. Designt hat sie der Stuttgarter Architekt Cyrus Ghanai, am leckersten sind die Fisch- und Wildgerichte. €€

Kochenbas ➡ südl. G2
Immenhofer Str. 33
✆ (07 11) 60 27 04
www.kochenbas.de
Di–So 11.30–14 und 17.30–23.30 Uhr
Essen wie bei Muttern in der Stube. Die ist klein und niedrig, aber auf den Tisch kommen handgemachte Spezialitäten der zünftigen Art: Maultaschen, Kässpätzle. €€

Locanda No. 1 ➡ G2
Rotebühlplatz 33
✆ (07 11) 61 71 85
www.locanda-no.1.de
Mo–Sa 11.30–14.30 und 17–1, So 17–23.30 Uhr
Vielleicht nicht der beste Italiener Stuttgarts, aber der lebendigste. Studenten mischen sich mit Kunstschaffenden, Touristen und einheimischen Familien. €€

Weinstube Schellenturm ➡ G3
Weberstr. 72
✆ (07 11) 236 48 88
www.schellenturm.de
Mo–Sa 17–24 Uhr
Hier, in einem Rest der alten Stadtmauer im alten Bohnenviertel, wurden einst Delinquenten an Schellen festgemacht. Jetzt will nur noch die Küche fesseln mit feinen schwäbischen Gerichten. Auch Vegetarier finden Speisen neben sauren Nieren. €€

Weinstube Fröhlich ➡ G3
Leonhardstr. 5
✆ (07 11) 24 24 71
www.weinstube-froehlich.de
So–Do 17.30–0.30, Fr/Sa bis 1 Uhr
Ein typisches Schwabenlokal im Bohnenviertel mit der ganzen Bandbreite der regionalen Küche. Hier treffen sich Insider: Künstler, Lebenskünstler, Szene. €€

Café Koenig'x ➡ G3
Wagnerstr. 26
✆ (07 11) 23 23 64
www.cafe-koenigx.de
Mo–Sa 7–18, So 10–18 Uhr
Gute Adresse für den Lunch und zum Latte Macchiato-Schlürfen. Restaurantcafé mit Wintergarten und Gesundküche internationaler Provenienz. €–€€

Teehaus im Weissenburgpark ➡ G4
Hohenheimer Str. 119
✆ (07 11) 236 73 60
www.teehaus-stuttgart.de
März–Okt. tägl. 11–23 Uhr
Ein Kleinod der Romantik. Hier würde auch Königin Olga gern am Teeglas nippen. Es liegt denkmalgeschützt in einer Halbhöhenlage, mit Teich und Brunnen, unter dem Teehaus der Marmorsaal. Nur Pianomusik ertönt nicht mehr. €–€€

Weinhaus Stetter ➡ G3
Rosenstr. 32
✆ (07 11) 24 01 63
www.weinhaus-stetter.de
Mo–Fr 10–12.30 und 14.30–23, Sa 11–14.30 und 17.30–23 Uhr
Urschwäbisch, einfach, aber

Handgeschabte Spätzle bekommt man im Restaurant Markthalle

schmackhaft. Gespeist wird vor holzgetäfelten Wänden, die Gäste sitzen auf gepolsterten Bänken. Zum Ausprobieren: Rund 40 Weine im offenen Ausschank. €–€€

Ambiente Africa ➡ F4
Werastr. 1
✆ (07 11) 236 55 11
www.africarestaurant.de
Tägl. 17–1 Uhr
Folklore vom schwarzen Kontinent. Wer zu zweit von einem großen Blechteller isst, bekommt alle afrikanischen Spezialitäten auf einmal serviert: Lamm, Rind, Huhn, Gemüse, Reis, Hafer. Und das bis spät in die Nacht und zu vernünftigen Preisen. €

Brunnenwirt ➡ G3
Leonhardsplatz 25
✆ (07 11) 24 56 21
www.brunnenwirt-stuttgart.de
Mo–Do 11–1, Fr/Sa 11–2, So 16–1 Uhr
Die berühmteste schwäbische Würstchenbude offeriert auch die besten »Vierkantspätzle«, wie Pommes im *Ländle* genannt werden. Populär sind auch die Schweinebauch-Gerichte. €

Café Stella ➡ F3
Hauptstätter Str. 57

✆ (07 11) 640 25 83
www.cafe-stella.de, Mo–Sa 8.30–1, Fr 8.30–2, Sa 9–2, So 9–1 Uhr
Für manche Stuttgarter ist das Stella wie ein zweites Wohnzimmer. Leichte Küche, angenehme Atmosphäre bis tief in die Nacht. €

Restaurant Markthalle ➡ F3
Dorotheenstr. 4
✆ (07 11) 24 59 79
www.loos-kulinarisches.de
Mo–Fr 6–22, Sa 6–16.30 Uhr
Hier sind alle, die einen richtigen schwäbischen Rostbraten mit handgeschabten Spätzle wollen: Markthändler, Kunden, Flaneure. Spezialität: *Filderrostbraten* auf Weinsauerkraut mit Maultäschle und Spätzle. Das Beste: Die Gerichte sind nicht nur gut, sondern auch noch günstig. €

Tortellino ➡ südl. G2
Neue Weinsteige 3
✆ (07 11) 620 04 70
www.tortellino.de
Mo–Fr 10–20, Sa 10–15 Uhr
Nur ein Geschäft mit Imbissteil, aber wer einmal die von der Chefin selbst fabrizierten Pastagerichte gekostet hat, findet immer wieder zurück an die Stehtischchen. Die Portionen können auch mitgenommen werden. €

Gastwirtschaften im Freien

Eine Spezialität Stuttgarts sind Open-Air-Restaurants, sie erfreuen sich in der warmen Jahreszeit höchster Beliebtheit und bescheren ein ultimatives Stadtgefühl. Zu den beliebtesten gehören:

Mash ➡ F1
Forststr. 7
℡ (07 11) 120 93 30
www.mash-stuttgart.de
Mo–Fr 11.30–14 und 17.30–1, Sa 17–4, So 10–14.30 und 17.30–1 Uhr
Lounge-Charakter, internationale Küche, überdachte Terrasse. €€

Altes Schützenhaus ➡ aC2
Burgstallstr. 99
℡ (07 11) 649 81 57
So/Mo, Mi, Fei 11–24, Fr/Sa 19–3 Uhr
Klassischer Biergarten mit Deftigem vom Grill. Vielfältiges Kulturangbot im Sommer. €–€€

Biergarten im Schlossgarten ➡ aC2
Mittlerer Schlossgarten
℡ (07 11) 226 12 74
www.biergarten-schlossgarten.de
Tägl. 10.30–1 Uhr
Das Pendant zu Münchens Englischem Garten. €–€€

Café Künstlerbund ➡ F3
Schlossplatz 2
℡ (07 11) 227 00 36
So–Do 9–1, Fr/Sa 9–3 Uhr
Mediterranes, vegetarische Gerichte und Leckeres aus der regionalen Küche. €–€€

Karlshöhe ➡ aC2
Humboldtstr. 44
℡ (07 11) 620 06 66
Mo–Fr 11.30–24, Sa/So 12–24 Uhr
Zu kräftiger schwäbischer Küche gibt es einen Rundumblick über Stuttgart. €

Palast der Republik ➡ F3
Friedrichstr. 27
℡ (07 11) 226 48 87
Mo–Sa 11–2, So 15–2 Uhr
Ein innerstädtisches Szenelokal mit viel Jungvolk und trubeliger Stimmung. €

Wilhelma ➡ A6
Pragstr. 9
℡ (07 11) 95 46 99 24
www.schuler-gastronomie.de
Tägl. 8.15–18 Uhr
Das Speisen hat hier etwas Exotisches, obwohl im Hauptrestaurant 400, draußen 600 Gäste Platz finden. Zudem gibt es ein Lokal am Schaubauernhof, das familienfreundlich ist. € ■

Wenn es das Wetter erlaubt, sitzt man in Stuttgart gerne im Freien

Nightlife: Bars, Kneipen, Clubs, Discos, Jazz

Schwofen statt schaffen. Stuttgart, die deutsche Hauptstadt des Hip-Hop, wird als Nachtoase verkannt. Die Schwaben halten gern den Deckel drauf, aber darunter köchelt es heiß. Stuttgart hat eine Disco- und Clubdichte, mit der andere Städte ähnlicher Größe bei weitem nicht mithalten können, und das liegt nicht nur an der engen Talkessellage. Aber gerade deshalb ist natürlich das Kesseltreiben so konzentriert. Auch das Kneipenangebot ist überwältigend.

Bars

Bar ➜ G2
Augustenstr. 81
℗ 01 72-715 95 58
www.bar-stuttgart.com
So–Do 21–1, Fr/Sa 21–3 Uhr
Eine klassische Bar. Klein, charmant, gedämpfte Musik, Stil, hochwertige Alkoholika, vor allem Cocktails, und umsichtiges Personal.

Cibo Mato ➜ A7
Wilhelmsplatz 11
℗ (07 11) 236 98 51
www.cibomato.de
Mo–Do 17–1, Fr 17–3, Sa 10–3, So 10–1 Uhr
Vorherrschende Farbe: Rot. Das Publikum ist schick und kommt zum Sehen und Gesehen werden. Longdrinks und Cocktails sind eher Nebensache. Sehr angenehm: Es muss nicht Alkohol sein, es gibt eine Reihe Cocktails ohne.

Corso-Bar ➜ G3
Geißstr. 5
www.corsobar.com
So–Do 19–24, Fr/Sa 19–5.30 Uhr
Der ehemalige Stripladen gilt derzeit als Epizentrum der Nachtschwärmer. Leicht verrucht, Hinterhofatmosphäre. Bordellbesucher und rechtschaffene Einheimische schwofen friedlich nebeneinander.

Fou Fou ➜ G3
Leonhardstr. 13
℗ (07 11) 51 89 15 11
www.bar-foufou.de
Mo–Mi 17–1, Do–Sa 18–3 Uhr

Elegante Barkultur im Rotlichtviertel zwischen Stripläden und Bordellen, hinter großen Fenstern rosa beleuchtet. Das Publikum rekrutiert sich vor allem aus der schwäbischen Kreativszene. Schwarzes Hemd, schwarze Hose, kleines Schwarzes, schwarzes Brillengestell.

Ha.bar ➜ G3
Torstr. 25
℗ (07 11) 742 52 38
www.habar.de
Fr 21–2, Sa 21–3 Uhr
Wochenend-Bar, die auch witzige Erfrischungsgetränke wie »Südkola« führt und im Basement Hip Hop, Elektro und Funk bietet.

7 Grad ➜ F2
Theodor-Heuss-Str. 32
℗ (07 11) 48 98 39 25
www.7grad-stuttgart.de
Mo–Do 10–1, Fr/Sa 10–5, So 13–1 Uhr
Coole Bar, in der sich das Partyvolk nach durchfeierter Nacht dem Chill-out hingibt.

Minibar ➜ G2
Paulinenstr. 8
℗ (07 11) 469 13 30
www.minibar-stuttgart.de
Mo–Fr 17–22 Uhr
Klein, ungewöhnlich und mit bargängerfeindlichen Öffnungszeiten, aber originell. Auf der Fensterbank der einstigen Boutique hockt man und sieht hinein und hinaus. Es gibt deftige Snacks, Bier, aber auch alle anderen Getränke. Freitags wird Gin getestet.

Der Schlossplatz, vom Königsbau aus gesehen

Rohbau ➡ G2
Theodor-Heuss-Str. 26
✆ (07 11) 222 08 88
www.rohbau-stuttgart.de
So–Do 19-3, Fr/Sa 21–5 Uhr
Asia Style, Séparées, in denen
man tief sitzt und Thé à la Men-
the schlürft. Gemütlich, aber sehr
schick. Wie alle neuen Bars entlang der Straße zwischen Kleinem
Schlossplatz und Rotebühlplatz,
wo es zuvor nur öde Büros, Ban-
ken und Versicherungen gab.

Kneipen

Ackermanns ➡ westl. F1
Bebelstr. 20
✆ (07 11) 636 55 22
www.ackermanns.de, Mo–Do 17–
1, Fr 17–2, Sa 19–2, So 17–24 Uhr
Eine der beliebtesten Kneipen,
rustikales Ambiente. Für Whisky-
liebhaber werden diverse Semina-
re rund um den bernsteinfarbenen
Saft angeboten. Wichtige Sporter-
eignisse kann man auf Großbild-
leinwand verfolgen.

Calwer Eck-Bräu ➡ F2
Calwer Str. 31
✆ (07 11) 22 24 94 40
www.calwereck.de
Mo–Do 9–1, Fr 9–2, Sa 10–2, So

10–1, Fei 15.30–1 Uhr
Eine Traditionskneipe mit hausge-
brautem Bier, das nahezu nonstop
aus dem Hahn läuft. Dazu zünfti-
ge Schwabenkost, viel Rauch, viele
Stimmen.

Oblomow ➡ G3
Torstr. 20
✆ (07 11) 236 79 24
www.oblomow-stuttgart.de
So–Do 15–5, Fr/Sa 15–6 Uhr
Ein quietschvergnügter Laden
– und farbenfroh. Lockerheit ist
oberste Pflicht. Das stellt Promis
neben Normalos, Alternative neben Ausstaffierte. Kleine Gerichte.

Osho's ➡ G3
Eberhardstr. 31
✆ (07 11) 24 17 89
www.bartime.de, Mo–Do 8–3, Fr/
Sa durchgehend bis So 3 Uhr
Mann ist cool, frau auch. Am Samstag sogar rund um die Uhr. Kühl
und puristisch ist auch die Einrichtung. Das Osho's gilt als Kultbar.

Schlampazius ➡ F5
Wagenburgstr. 147
✆ (07 11) 46 57 75
www.schlampazius.de
Urige Eckkneipe, scheint schon
ewig zu existieren. Schwäbische
Biere und Weine.

Clubs und Discos

Aer Club ➡ F2
Büchsenstr. 10
✆ (07 11) 72 23 38 94
www.aer-club.de
Fr/Sa ab 23 Uhr
Sehr schick, ganz cool. Aufregende Lichtführung im Etablissement, beeindruckende Champagnerkarte und viele schöne Menschen, manche in VIP-Séparées.

Beat Club ➡ F3
Schulstr. 12
www.myspace.com/beatclubstuttgart
Fr/Sa ab 22 Uhr
Klein, mit Möblierung im 1970er-Stil und großem musikalischem Angebot. In der warmen Jahreszeit mit Außenterrasse.

Bett Lounge Relaxing & Clubing
➡ E3
Friedrichstr. 23 A
✆ (07 11) 284 16 67
www.bett-lounge.de
Mo–Do 17–1, Fr/Sa 17–4, So 12–1 Uhr, Eintritt € 1–8
Club mit Fell in den Ecken, auf denen man sich nach dem Abrackern auf der Tanzfläche erholt. Das soll an ein Bett erinnern, tut es aber nicht wirklich. Ab 22 Uhr House

Diskothek Perkins Park: auch etwas für das Publikum jenseits der 30

und andere Musik. Viel junges Publikum.

Climax ➡ F2
Calwer Str. 25
www.climax-institutes.de
Do ab 22-open end, Fr/Sa und vor Fei 23–8 Uhr
Hier muss jeder Nachtschwärmer mal sein, die meisten kommen zum Absacker-Tanz in die schmale Gasse. House, Techno, Electronic Club Music.

Club Prag ➡ nördl. A3
Heilbronner Str. 261, Feuerbach
✆ (07 11) 81 76 02
www.club-prag.de
Mi/Do ab 21, Fr ab 22, Sa ab 23 Uhr, Eintritt € 3
Karg, urig, hart – Hardcore. Aber auch Hip Hop. Überwiegend junges Publikum, das abtanzen will.

Keller Club ➡ G3
Rotebühlplatz 4
✆ (07 11) 722 37 83
www.kellerclub.com
Do 21–2, Fr/Sa 22–7 Uhr
Die ganze musikalische Palette, dazu überregionale, auch regionale Bands, DJs und Specials, vor allem am Wochenende.

Penthouse ➡ nördl. A3
Heilbronner Str. 385, Feuerbach
www.penthousestuttgart.de
Do–Sa ab 21 Uhr
Soll der aufwändigste Penthouse-Club Europas sein, vor allem House und Elektro. Mit Restaurant, das auch tagsüber geöffnet ist, Terrasse und Lounge.

Perkins Park ➡ A2
Stresemannstr. 39
✆ (07 11) 256 00 62
www.perkins-park.de
Mi ab 20, Fr–So ab 21 Uhr, open end, Eintritt € 7, wird mit Verzehr verrechnet
Eine gute alte Disco, die gern auch von Leuten jenseits der 30 frequentiert wird. Bunter Musik-Mix.

Mit dem Qualitätssiegel »Freiwillig kontrollierte Lautstärke« vom Sozialministerium des Landes.

Romy S. ➡ F2
Lange Str. 7
℡ (07 11) 284 89 53
www.romy-s.de
Fr/Sa 22–5 Uhr, Eintritt € 3
Friedliche Koexistenz zwischen den Generationen im vielleicht schönsten Stuttgarter Tanzsaal. Aufgelegt wird, was gern gehört wird: Vom guten alten Rock'n'Roll bis zu elektronischer Musik, House und Techno. Die Bewegungsfläche ist riesig und lässt jeden Tanzstil zu.

Suite 212 ➡ F2
Theodor-Heuss-Str. 15
℡ (07 11) 253 61 13
www.suite212.com
Mo–Mi 11–2, Do 11–3, Fr/Sa 11–5, So 14–2 Uhr
Moderne, futuristische und lichtdurchflutete Location für viele Leute. Jede Menge flimmernde Fernsehbildschirme, breite Fensterbänke, schwarze Sitzwürfel. Cool.

Tonstudio ➡ F2
Ecke Lange Straße, Theodor-Heuss-Straße
℡ (07 11) 411 45 88
www.tonstudio.fm
Tägl. ab 21 Uhr
GTI- und 3er-BMW-Piloten fahren zum Hip Hop vor. Der Klub hat Kultstatus, die Fantastischen Vier haben hier einige ihrer Platten aufgenommen. Der Raum mit abgerundeten Ecken hat eine perfekte Akustik. Die elektronischen Beats des Techno auf zwei unterirdischen Ebenen dringen überallhin durch. Der Laden ist minimalistisch eingerichtet.

Waranga ➡ F3
Kleiner Schlossplatz 15
℡ (07 11) 99 79 92 66
www.waranga.de
Fr 20–24, Sa 11–2.30, So 13–20 Uhr
Das waren noch Zeiten, als Kevin Kuranyi, dessen Kicker-Karriere beim VfB begann, stolz mit seinen Neuwagen vorfuhr – trotz strikten Durchfahrverbots. Hip Hop wummert aus dem Laden, die Stuttgarter Grundmelodie. Szenegänger hocken in Stahlrohrsesseln und parlieren über Bierflaschen und Longdrinks hinweg. Etwas schnöselhaft, aber längst nicht wie in München.

Zap ➡ G3
Hauptstätter Str. 40
℡ (07 11) 23 52 27
www.zap-club.de
Mi/Do 21–3, Fr 21–6, Sa 22–6, So 16–21 Uhr
Eintritt € 6–11
Diskriminierung oder nicht? Bei den beliebten Forever-young-Partys müssen die Jungen zahlen, die Älteren haben freien Eintritt. Die Disco im Eberhardzentrum ist groß und besitzt auch Erholungsräume mit Cafébereich und Bar, an der man sich bei der Unterhaltung versteht.

Zapata ➡ nördl. A5
Pragstr. 120, Bad Cannstatt
℡ (07 11) 956 15 44
www.zapata.de
Do ab 19, Fr/Sa 22–5 Uhr
Eintritt € 5
Hier ist Stuttgart lateinamerikanisch. Salsa-Tanzkurse bringen Schwabenmassen auf die Beine. In mehreren Räumen wird ein unterschiedliches Programm geboten. Das kommt gut an.

Jazz

Rogers Kiste ➡ südl. G1
Hauptstätter Str. 35
℡ (07 11) 23 31 48
www.rogers-kiste.de
Der wichtigste Stuttgarter Ort in punkto Modern Jazz. Fünf Mal pro Woche wird aufgespielt. ■

Kultur und Unterhaltung: Theater, Oper, Kabarett, Musical, Literatur, Kinos, Tickets

Wo Reichtum ist, ist Muße. Stuttgart bietet ein kompaktes Unterhaltungsangebot in Sachen Kultur. Es gibt nicht nur alles, es gibt alles auch in Fülle. Von der klassischen Darbietungskunst bis zur modernen Entertainment-Show, vom Schweren bis zum Leichten. Dazu Experimentelles und Gewagtes. Eine erstaunlich vielfältige Palette.

Theater

Altes Schauspielhaus ➡ G2
Kleine Königstr. 9
✆ (07 11) 225 94 39
www.schauspielhaus.org
Das war lange ein verschnarchter Kulturladen, bis ein junger Intendant den Mief mit dem eisernen Besen auskehrte. Leichte Stücke und Klassiker werden en suite gespielt, manche Nachtprogramme sind eigene Produktionen mit gewagten Titeln wie »Männerfang für Fortgeschrittene«. Neben Managerseminaren, bei denen es um den Umgang mit Macht geht, gibt es auch Führungen durchs Haus. Die halbrunde Fassade mit Galerie und Figurenfries unter der mächtigen Kuppel entsprach dem Jugendstil-Zeitgeist von 1906.

Dreigroschentheater ➡ südl. G2
Kolbstr. 4c
✆ (07 11) 60 60 00
www.dreigroschentheater.de
Miniaturbühne mit Brecht-Spektakel, Kriminalkomödie und viel Dürrenmatt.

Friedrichsbau Varieté ➡ E3
Friedrichstr. 24, in der Rotunde der Landesbank
✆ (07 11) 225 70 70
www.friedrichsbau.de
Klassische Varieté-Veranstaltungen an dem Ort, wo schon Josephine Baker, Grock und Rastelli ihr Publikum verzückten. An historischer Stelle wurde der im Krieg zerstörte Bau 1994 wieder eröffnet. Während die Besucher dinieren, fliegen Trapezakrobaten über ihre Tische, zeigen Jongleure, Magier und Komiker ihr Können. Unterlegt sind die Darbietungen vom eigenen Orchester des Hauses. Das Programm wechselt alle acht bis zehn Wochen.

Eine Aufführung des »Kreidekreises« von Johannes von Guenther im Alten Schauspielhaus in der Kleinen Königstraße

Komödie im Marquardt ➡ F3
Bolzstr. 4–6
℡ (07 11) 227 70 22
www.schauspielhaus-komoedie.
de
Volkstümliche Komödien, vor allem schwäbische Schwänke, wechseln ab mit klassischen Boulevard-
komödien, Krimis und Veranstaltungen für Kinder – bei allem kann
gelacht werden. Jüngst wurden
Theaterraum und Foyer renoviert.

Makal City-Theater ➡ E5
Schwarenbergstr. 117
℡ (07 11) 62 62 08 und 01 70-483
67 51, www.makal-city-theater.de
Internationales Pantomimen-
Theater.

**Schauspiel Stuttgart
– Theater im Depot** ➡ E7
Landhausstr. 188/I
– Bar »Hi« ➡ G3
Nadlerstr. 20
– Rosenau ➡ südl. G1
Rotebühlstr. 109/B
℡ (07 11) 22 77 00
www.staatstheater-stuttgart.de
Das Schauspiel, eine Sparte des
Staatstheaters Stuttgart, experi-
mentiert mit Erfolg. Im Theater im
Depot werden vorwiegend Stücke
junger Autoren und von Avantgar-
disten aufgeführt, hin und wieder
gibt es eine Rocknacht. In der Bar
»Hi« gibt es keine Bühne – gespielt
wird am Tresen mitten unter den
Gästen. In der Rosenau gibt es
ebenfalls keine Bretter, die die
Welt bedeuten – Theater findet
dort in einem Hinterzimmer statt.
Interessante Lesungen und Auto-
renbesuche.

Studio Theater Stuttgart ➡ G4
Hohenheimer Str. 44
℡ (07 11) 24 60 93
www.studiotheater.de
Bretter, die Sprungbrett sein wollen für junge Talente und Querein-
steiger in die Bühnenkunst. Neben
Klassischem von William Shakes-
peare und deutschen Dramatikern

*Schon Josephine Baker verzückte im
Friedrichsbau Varieté ihr Publikum*

stehen auch moderne Stücke auf
dem Spielplan.

Theater Rampe ➡ südl. G2
Filderstr. 47, Probebühne Möhringer Str. 41
℡ (07 11) 620 09 09 16
www.theaterrampe.de
Die Rampe gehört im deutschen
Sprachraum zu den wichtigsten
Adressen für auf der Bühne zeleb-
rierte deutsche Gegenwartslitera-
tur. Hauptsächlich junge Autoren
erhalten hier ihre Chance. Stipen-
diaten der Kunststiftung Baden-
Württemberg zeigen einmal monatlich ihr Können. Am letzten
Samstag im Monat wird gespielt
und gekocht – eine Performance,
die gut ankommt.

tri-bühne ➡ G3
Eberhardstr. 61
℡ (07 11) 236 46 10
www.tri-buehne.de
Das Sprechtheater-Unternehmen
ist zu einer großen Adresse für
klassische und zeitgenössische Stücke mit aktuellem gesellschaftli-
chem Bezug gemacht. Das hat ihm
eine treue Gemeinde beschert. Interessant ist auch die Location, der
61 m hohe Tagblatt-Turm, Stuttgarts erstes Hochhaus (1928), das
unter Denkmalschutz steht.

Wilhelma Theater ➡ A6/7
Neckartalstr. 9

✆ (07 11) 95 48 84 25
www.wilhelma-theater.de
Saal der Staatlichen Hochschule
für Musik und Darstellende Kunst.

Theater für Kinder
Vgl. Mit Kindern in der Stadt, S.72.

Oper und Ballett

Ballett ➡ E/F 3/4
Oberer Schlossgarten 6
✆ (07 11) 203 22 20
www.staatstheater-stuttgart.de
Das Ballett ist nicht nur ein Zehenspitzen-Ensemble, sondern
bemüht sich um Talentförderung
und gewährt den »Blick hinter die
Kulissen«, bei dem Auskunft über
Arbeits- und Programmvorgänge
erteilt wird.

Bei den Ballettgesprächen
sonntags um 11 Uhr wird von
Premieren, Gastspielen und Tourneen berichtet. Aktive Besucherförderung.

❺ **Württembergisches Staatstheater Stuttgart** ➡ E/F 3/4
Oberer Schlossgarten 6
✆ (07 11) 701 73, Kartenbestellung
✆ (07 11) 20 20 90
www.staatstheater-stuttgart.de
Oper, Schauspiel, Ballett und Kammertheater in zwei Häusern, mit
einem Depot an der Landhausstraße 188. Die Oper war fünf Mal
»Oper des Jahres«.

Kabarett und Varieté

Renitenztheater ➡ G3
Eberhardstr. 65/1
✆ (07 11) 29 70 75
www.renitenztheater.de
Tägl. Abendvorstellung
Literarisches Kabinett, in dem
Künstler aus dem gesamten
deutschsprachigen Raum im Sinne
des literarischen Amüsements ihr
Bestes geben. Politisches Kabarett,
Travestie und Chansons. Manche

Vorstellungen werden fürs Fernsehen aufgezeichnet.

Theaterhaus ➡ nördl. A6
Siemensstr. 11
✆ (07 11) 402 07 20
www.theaterhaus.com
Ein buntgemischtes Programm in
vier Sälen des neuen Theaterhauses in der früheren Rheinstahlhalle
auf dem Pragsattel: Kabarett und
Comedy, Rock und Pop, Jazz und
Literatur, Diskussionen und Festivals. Auf den kleinen Bühnen
toben sich die Tanzszene und die
freien Theatergruppen aus. Es gibt
eigene Produktionen, das Ensemble ist immer international besetzt,
»Interkulti« ist selbstverständlich.

Musical

Theater im SI-Erlebnis-Centrum
➡ aC2
Plieningerstr. 102
– **Palladium Theater**
Plieningerstr. 109
Ticket-Hotline für beide ✆ 018 05-
44 44, Callcenter Mo–Sa 8–20, So
10–20 Uhr, www.stageholding.de
Stuttgarts Musical-Bollwerk. In
beiden modernen Theatern steht
das ganze Jahr über das leichte
Vergnügen auf dem Programm.
Vgl. auch Vista Points, S. 47 f.

Literatur

Literaturhaus ➡ F1
Breitscheidstr. 4, Bosch-Areal
U2 Berliner Platz
✆ (07 11) 220 21 748
Tickets ✆ (07 11) 284 29 04
www.literaturhaus-stuttgart.de
Mo–Do 9–17, Fr 9–13 Uhr
Seit November 2001 besitzt Stuttgart auch ein eigenes Literaturhaus. Hier finden Ausstellungen,
Schreibwerkstätten, Gespräche
und Lesungen statt, im Erdgeschoss gibt es ein Restaurant und
eine Buchhandlung.

Kinos

Atelier am Bollwerk ➡ F1
Hohe Str. 26
℡ (07 11) 669 56 69
www.arthaus-kino.de
Große Filme, vor allem aus Europa, der sogenannten Dritten Welt und unabhängige Produktionen. Keine Hollywood-Orgien.

Corso 1+2 ➡ aC2
Hauptstr. 6, Vaihingen
℡ (07 11) 73 49 16
www.corso-kino.de
Hier laufen nur Filme in der Originalfassung.

Delphi 1+2 ➡ G2
Tübinger Str. 6
℡ (07 11) 29 24 95
www.arthaus-kino.de
Das älteste Kino Stuttgarts, Baujahr 1912 und bis 1956 unter dem Namen Union Theater, wurde 1978 in zwei Kinos geteilt. Gezeigt werden unabhängige Produktionen, mal älteren, mal aktuellen Datums.

Metropol ➡ F3
Bolzstr. 10
Im ehemaligen Zentralbahnhof, der bis 1866 Stuttgarts wichtigster Bahnhof war. Ein auffälliges, rosafarbenes Haus mit einer klassischen Säulengruppe um die Türen.

Tickets

Kartenvorbestellung für die Theater
℡ (07 11) 20 20 90
Fax (07 11) 202 09 20
ticket@staatsheater-stuttgart.de

Easy Ticket Service
℡ (07 11) 255 55 55
www.easyticket.de

Kulturgemeinschaft ➡ F2
Willy-Bleicher-Str. 20
℡ (07 11) 224 77 19/20/21 (Mo–Fr 10–18 Uhr)
Fax (07 11) 224 77 23
www.kulturgemeinschaft.de
Gilt als Deutschlands innovativste Kulturvermittlung. Eintrittskarten werden per Post ins Haus geschickt; gut recherchierte Vorab- und Hintergrundinformationen durch die monatlich erscheinende Zeitung *Kultur*. Das Programmbuch *Spielpläne* wird kostenlos zugesandt. ■

Unter dem legendären Choreographen John Cranko gelangte das Stuttgarter Ballett zu Weltruhm

Shopping: Design, Galerien, Mode, Spezialgeschäfte, Märkte

In Stuttgart macht Einkaufen Spaß. Alles liegt nahe beieinander, das Angebot ist vielfältig. Entlang der **Königstraße** ➜ E3–G2, Deutschlands längster Fußgängerzone, reihen sich moderne Kaufhäuser und die Filialen der global operierenden Marken.

In den eleganten Passagen, der **Calwer-**, der **Karls-** und der **Eberhardt-Passage** sowie in den umliegenden Seitenstraßen steht Exklusivität im Vordergrund. Hier werden noble Dinge bis hin zum erlesenen Luxusgut angeboten. Das Kaufhaus Breuninger ist – ähnlich dem Berliner KaDeWe – noch ein Warenhort mit wahren Fans. Im zweitgrößten Kaufhaus nach Harrod's in London, nach wie vor in Familienbesitz, stimmen Angebot und Service noch.

Unterhaltsam ist ein Bummel durch die romantischen Gassen des **Bohnenviertels** ➜ G3, einem traditionsreichen kleinen Quartier fern der hektischen City. Hier haben sich zwischen Weinstuben und Szenelokalen vor allem Stuttgarts Kreative angesiedelt, die in ihren Boutiquen, Goldschmiedeateliers oder Antiquitätenläden eine lockere Mischung aus Kunst, Design und selbst entworfener Mode anbieten.

Exklusives Shopping in der Calwer Passage

Nicht nur in der 🍀 **Markthalle** ➜ F3, die auf jeden Fall einen Besuch lohnt, ist die Auswahl an regionalen Frischprodukten und Lebensmitteln aus eigenem Anbau groß. Auch auf dem Markt- und Schillerplatz kann man sich jeden Dienstag, Donnerstag und Samstag Vormittag von dem appetitlichen Angebot zu neuen Gerichten inspirieren lassen. Rund ums Schiller-Denkmal bieten Händler zu jeder Jahreszeit Pflanzen und Blumen in allen erdenklichen Farben und Variationen an. Shoppen in Stuttgart macht Spaß.

Design und Raritäten

Artani ➜ G3
Eberhardstr. 31
℅ (07 11) 236 91 51, www.artani.de
Kunsthaus mit Plastiken, Keramik, kunstgeblasenen Vasen, Kunstspielzeug, Modeschmuck, Accessoires. Etwa jedes Vierteljahr eine Ausstellung – im Schaufenster.

Augenweide ➜ westl. F1
Schwabstr. 191
℅ (07 11) 226 43 91
www.augenweide-shop.de
Alles, was dem Auge Freude macht, auch wenn man es nicht unbedingt braucht. Kissen, Taschen, Kleinmöbel, Kerzenschmuck, aber auch Modeaccessoires, edle Papeterie und Schmuck.

Ein wahres Kleinod: die in reinem Jugendstil erbaute Markthalle in der Dorotheenstraße

Dom ➧ G3
Eichstr. 19
☎ (07 11) 23 56 20
www.dom-ck.de/stuttgart
Verrückte Sachen wie aufblasbare Figuren, sprudelnde Tischbrunnen, schräge Möbel und Lava-Lampen.

Pit's Balloon ➧ E6
Gahlenberger Hauptstr. 27
☎ (07 11) 633 30 34
www.pitsballoon.de, Mo geschl.
Hier dreht sich alles um den Luftballon. Es gibt ihn in allen Farben und Formen – bis hin zum Riesenballon. Dazu Scherzartikel für Partys und Bürofeiern.

Tausendschön ➧ E3
Lautenschlagerstr. 24
☎ (07 11) 29 49 32
Tausend schöne Dinge für alle Generationen: Holzspielzeug und großformatige Bilderbücher für Kinder, Dekorationszubehör für Erwachsene, ausgefallene Modeartikel. Und alles nett angerichtet, also verführerisch.

Galerien

Atelier Unsichtbar ➧ B4
Innerer Nordbahnhof 73, Nord
☎ (07 11) 971 78 11 und 01 77-318 65 39
www.atelier-unsichtbar.de
Mi und Fr 17–20 Uhr
Zeitgenössische junge Kunst aus der ganzen Welt, aber auch von jüngeren Stuttgarter Künstlern. Malerei und Zeichnung, Fotografie, Video und Performances.

Galerie Dorn ➧ F6
Planckstr. 123, Ost
☎ (07 11) 46 32 80
www.galerie-dorn.de
Di–Fr 16–19, Sa 10–13 Uhr
Die Galerie hat sich der Aufarbeitung der klassischen Moderne in Stuttgart verpflichtet. Schwerpunkte sind Expressionismus, Abstraktion, Skulpturen und Kleinplastik.

Galerie Holenbach ➧ G1
Ganghoferstr. 28
☎ (07 11) 165 40 41
www.galerie-hollenbach.de
Mo–Mi, Fr 13–17, Do 9–17 Uhr
Die 1996 gegründete Galerie, kümmert sich um die Vermittlung von deutschen und englischen Künstlern, die am Standort Stuttgart oder deutschlandweit bislang noch nicht zu sehen waren.

In Stuttgart geht man »zum Breuninger«

Galerie Michael Sturm ➡ G3
Christophstr. 6
℘ (07 11) 615 95 68
www.galerie-sturm.de
Mi 14.30–19.30, Fr 14.30–18.30, Sa 11–14 Uhr
Galerist Michael Sturm ist der Farbe verfallen. Dem Phänomen Farbe in allen Aspekten stellt er seinen Raum zur Verfügung.

Galerie Rainer Wehr ➡ G3
Alexanderstr. 53, Süd
℘ (07 11) 24 26 72
www.galerie-rainer-wehr.de
Di, Do/Fr 14.30–18.30, Mi 14.30–19.30, Sa 11–14 Uhr
Rainer Wehr gehört zu den Mutigen in der Ausstellungsszene. Er stellt auch Absolventen der Akademie der Bildenden Künste aus und präsentiert neue künstlerische Möglichkeiten. Wehr stützt den Galeristenstandort Stuttgart mit Verve.

Mode und Accessoires

Abseits ➡ F2
Kleiner Schlossplatz 13–15
℘ (07 11) 62 14 51
www.abseitsgermany.com
Winnie Klenk hat den Namen seiner Boutique zum Programm

erhoben. Massenware gibt es hier nicht. Dafür ausgefallene internationale Designerware. Das trendige Publikum quittiert es mit Dankbarkeit und gelegentlichen Glücksgefühlen.

Annikki Karvinen ➡ G2
Königstr. 21
℘ (07 11) 220 04 91
www.annikki-karvinen.de
Eine finnische Designerin beschert dem »Ländle« buntfrohe und fantasievolle Mode, die fast gänzlich aus Naturmaterialien gefertigt ist, aber auch mit High-Tech-Stoffen experimentiert.

Blutsgeschwister ➡ F3
Bolzstr. 6 und Äußerer Nordbahnhof
℘ (07 11) 226 93 55 und 284 46 87
www.b-six.de
www.blutsgeschwister.de
Verdammt trendige Jugendmode, teilweise sehr frech. Fashionjäger kommen zumeist auf ihre Kosten.

Bord L. ➡ G3
Eberhardstr. 73
℘ (07 11) 236 08 89
www.g-fam.de
Große Auswahl an Boarder-Mode, aber vor allem Schuhe, davon hauptsächlich Sneakers.

Breuninger ➡ G3
Marktstr. 1–3
✆ (07 11) 21 10
www.breuninger.com
In Stuttgart geht man »zum Breuninger«. Das vierstöckige Nobelkaufhaus mit der auffälligen Glaskuppel ist eine etwas kleinere Ausgabe des Berliner KaDeWe. Es gibt nahezu alles zwischen Luxus und brauchbar.

Highlight Trend Store ➡ F2
Rotebühlplatz 31
✆ (07 11) 674 18 50
www.highlight-online.de
Ethno-Mode und Ausgefallenes für alle, die bloß nicht so aussehen wollen wie alle. Bei Mode-Freaks hat dieser Laden Kultstatus.

Königsbau Passagen ➡ F3
Königstraße
www.koenigsbau-passagen.de
Mo–Sa 10–20 Uhr, das Center mit seinen gastronomischen Einrichtungen ist Mo–Sa 7–22 und So 12–20 Uhr geöffnet
Die 2006 in zentralster Lage eröffneten Passagen am altehrwürdigen Königsbau zeigen sich als modern gestalteter Neubau, eingebettet in die urbane Kultur. Auf fünf Ebenen und 27 000 m² residiert der klassische Einzelhandel, dazu Gastronomie und Büroflächen. Integriert ist das »stilwerk« neben den besten Adressen und Marken aus Design, Einrichtung und Lifestyle. Der Unterschied zur herkömmlichen Shopping Mall: die Passagen bieten Flair und Extravaganz. Und das mit einem Blick auf das barocke Neue Schloss gegenüber.

Modehaus Fischer ➡ E3
Königstr. 19 B
✆ (07 11) 22 58 70
www.modehaus-fischer.de
Angesagte Mode für die Dame und den Herrn. Nicht gerade billig, aber wer es sich leisten kann oder mal etwas Besonderes braucht,

findet hier unter den internationalen Designern das Passende.

René Asch Haare & Cosmetic ➡ G1
Silberburgstr. 145 B
✆ (07 11) 62 62 21
www.rene-asch-de
Dieser kombinierte Friseur- und Schönheitsladen präsentiert bei regelmäßigen Modeschauen aktuelle Kopf-Couture und passendes Make-up. Viele Promi-Kunden.

Tamarillo ➡ westl. G2
Rotebühlstr. 131
✆ (07 11) 620 14 65
www.tamarillo-schuhe.de
Bemerkenswert gut aufgeräumter Schuhladen mit viel Ware aus Italien, England und anderen Ländern.

Yeans Halle ➡ G2
Tübinger Str. 15
✆ (07 11) 648 50 32
www.yeans-halle.de
Überwältigendes Angebot an Jeans. Außerdem T-Shirts und andere Basics, Schuhe und Zubehör.

Outlet-Verkauf:

Das Städtchen **Metzingen**, 35 km südlich von Stuttgart, ist Deutschlands Mekka des Fabrikverkaufs.

Shopping in zentralster Lage: die Königsbau Passagen

Vor allem die deutschen Modedesigner, die international bekannt sind, verkaufen hier ihre Ware zu teilweise außergewöhnlich günstigen Preisen. Zugleich bietet das typisch schwäbische Stadtbild eine gemütliche Atmosphäre.

Modische Kleidung für Frauen, Männer und Kinder gibt es bei Hugo Boss (Kanalstr. 6, 25–75 % Nachlass), Escada (Reutlinger Str. 49/53, bis zu 50 %), Jil Sander (Reutlinger Str. 63, bis 60 %), Bogner (Nürtinger Str. 63, bis 50 %), Joop! (Mühlstr. 1, bis 50 %), Lacoste (Mühlstr. 5, bis 70 %), Tommy Hilfiger (Mühlstr. 5, bis 70 %) und bei der schwäbischen Aufsteigerin der letzten Jahre, Gabriele Strehle, in ihrem Outlet Strenesse (Lindenplatz 3, bis 50 %).

Sportkleidung und sportlich orientierte Kleidung sind zu finden bei Nike (Reutlinger Str. 63, bis 70 % Nachlass), Reebok (Mühlstr. 5, bis 70 %), Polo Ralph Lauren (Reutlinger Str. 63, bis 60 %) und Lacoste (Mühlstr. 5, bis 70 %). Junge Mode für Frauen bietet Miss Sixty (Nürtinger Str. 63, bis 60 %). Bei Bally lockt eine schier unübersehbare Auswahl an Schuhen (Reutlinger Str. 49/53, bis 30 %).

Die Outlets haben unterschiedliche Öffnungszeiten, meist Mo–Fr 10–20, Sa 9–16, oft sogar bis 18 Uhr. Info unter www.outletcity-metzingen.de.

Spezialgeschäfte

Alpin Sport Bergland ➡ G2
Rotebühlplatz 20a
℡ (07 11) 223 97 50
www.alpinsport-bergland.de
Alle Verkäufer sind selbst Aktive und wissen, worauf es bei der Ausrüstung ankommt.

Alte Tabakstube – Ralph Knyrim KG ➡ F3
Schillerstr. 4

℡ (07 11) 29 27 29
www.altetabakstube.de
Ordinäre Raucher sind hier eher die Ausnahme, das Angebot zielt auf Genussraucher, die nur hin und wieder Qualm verbreiten. Neben edlen Zigarren und Pfeifen gibt es auch ausgefallene Spirituosen. Der Laden schmiegt sich in den Torbogen zwischen Schloss- und Schillerplatz.

Anne Korn ➡ G3
Eberhardstr. 35
℡ (07 11) 248 45 95
www.anne-korn.de
Großes Angebot an Schmuck von lokalen und regionalen Designerinnen, von Gold und Platin, Weißgold, Silber und Stahl bis zu Exemplaren aus verschiedenen Materialien. Originelle Glitzerstücke, akzeptable Preise.

Bambussprosse ➡ G1
Silberburgstr. 164
℡ (07 11) 61 04 58
Gewürze und Spezialitäten aus Südostasien. Frischer Koriander, bester grüner Tee, scharfer Curry und dazu entsprechende Bearbeitungswerkzeuge und Behälter.

Einklang ➡ G2
Christophstr. 7
℡ (07 11) 234 87 71
www.einklang.de
Grandioses Angebot an CDs aller Musikrichtungen. Gute Beratung, sonst in Musikläden eher unwahrscheinlich.

Hall Eleven ➡ G2
Eberhardstr. 61
℡ (07 11) 236 51 95
www.halleleven.de
Ein Laden für Inlineskate- und Snowboard-Ausstattung. Riesiges Angebot, darunter findet sich auch Freizeitmode.

Haufler ➡ F3
Marktplatz 5–6
℡ (07 11) 22 89 90

www.haufler.de
Gilt als bestes Büro- und Schreibwarengeschäft der schwäbischen Metropole. Auch Sonderwünsche können hier erfüllt werden. Das Angebot des Ladens ist enorm.

Hochland-Kaffee ➡ aC3
Chemnitzer Str. 13
✆ (07 11) 722 08 00
Hier bekommt man den Kaffee röstfrisch abgepackt, der Duft ist köstlich. Dazu 80 Teesorten und allerlei verführerische Süßigkeiten.

Kästner Optik ➡ E3
Königstr. 28
✆ (07 11) 29 39 20
www.kaestneroptik.de
Brillenläden gibt es viele. Doch dieser hat die ultimativen Sehhilfen, darunter fast alle Kreationen beispielgebender Designerzentren von Italien bis Japan.

Stuttgarter Teeladen ➡ G3
Nadlerstr. 4
✆ (07 11) 24 58 63
www.stuttgarter-teeladen.de
Rund 400 Tees sind im Angebot, einige davon können sofort verkostet werden. Die Beratung ist fachmännisch und hat schon manchen Kaffeetrinker bekehrt.

Märkte

Bauernmarkthalle ➡ westl. G1
Herderstr. 13
✆ (07 11) 65 70 20
Eier und Fleisch von glücklichen Tieren, frische Backwaren, ungespritztes Obst und Gemüse, Käse aus original Bauernhandfertigung.

Flohmarkt Karlsplatz ➡ F3
Karlsplatz
Sa 8–16 Uhr
Die bunten Stände, rund 40 an der Zahl, haben Tradition an diesem Platz. Es darf gefeilscht werden, aber die Händler lassen sich als Profis nicht über den Tisch ziehen. Eher muss der Käufer darauf achten, nicht über den Trödeltisch gezogen zu werden. In der Vorweihnachtszeit ist sogar täglich Flohmarkt. ■

Vom Land in die Stadt: Produkte ausgewählter Erzeugerbetriebe Baden-Württembergs in der Bauernmarkthalle

Mit Kindern in der Stadt: Theater, Sehens- und Erlebenswertes

Für kleine Stuttgart-Besucher gibt es viel zu sehen. Ganz oben auf der Hitliste steht die **Wilhelma** ➜ A6, einer der schönsten zoologisch-botanischen Gärten Europas mit knapp 10 000 Tieren. Zu den besonderen Attraktionen zählen der Schaubauernhof mit fast vergessenen Haustierarten und das gläserne Amazonien-Haus, in dem die Vegetationszonen eines Regenwalds nachempfunden sind. Wer dann wissen will, wie die Menschen am Amazonas leben, erfährt im **Linden-Museum** ➜ E2 Interessantes auch über andere Völker und Kulturen der Welt. Große und kleine Sterngucker sollten einen Besuch des **Carl-Zeiss-Planetariums** ➜ E4 nicht versäumen. Stuttgart von oben kann man vom 217 Meter hohen **Fernsehturm** ➜ aC3 betrachten.

Für Ausflüge bietet sich das **Auto & Technik Museum Sinsheim** mit Überschallflugzeugen und Rennwagen an. Der Blick in eine Concorde ist sicher ebenso spannend wie die 33 Meter lange Rutschpartie aus einer DC-3.

Theater für Kinder

Figurentheater Stuttgart Fits ➜ G3
Eberhardstr. 61
✆ (07 11) 236 86 84
www.figurentheater-stuttgart.de
Stuttgart war immer schon eine Domäne des Figurentheaters, eines besonderen Spaßes speziell für Kinder. Hier agiert vor allem die freie Szene, es gibt Tage des Jungen Figurentheaters und stets die neuesten Stücke.

Junges Ensemble Stuttgart JES ➜ G3
Tagblatt-Turm, Eberhardstr. 61
✆ (07 11) 21 84 80-0
www.jes-stuttgart.de
2004 eröffnet, innovative Theaterproduktionen für Kinder. Märchen, Buchbearbeitungen, eigene Stücke. Mitunter wird der Nachwuchs animiert, selbst Theater zu spielen.

Kindertheater ➜ G2
vhs-treffpunkt kinder
Rotebühlplatz 28
✆ (07 11) 18 73 88 00
www.treffpunkt-rotebuehlplatz.de

»Das doppelte Lottchen« und andere Vorführungen für die Jüngsten, auch Kinderfilmtage.

Theater am Faden ➜ südl. G1
Hasenstr. 32
✆ (07 11) 60 48 50
www.theateramfaden.de
Vor den Aufführungen – traditionelles Marionettentheater – dürfen sich die Kinder kostümieren und mit Marionetten spielen. Die Puppensammlung des Theaters umfasst Stücke aus aller Welt. Vorstellungen meist am Wochenende.

Theater der Altstadt ➜ G1
Rotebühlstr. 89
✆ (07 11) 61 55 34 64
www.theater-der-altstadt.de
1958 gegründet, erfreut sich die Spielstätte ungebrochener Beliebtheit. Das liegt an der Mischung: Theater, musikalische Unterhaltungsprogramme, Lieblingsbücher von Kindern – vom Kleinen Prinzen bis zum Pumuckl –, die zu Stücken gemacht werden. Dienstag und Sonntag sind meist Spieltage, es gibt aber Ausnahmen. Im Sommer Schauspielworkshops.

Sehens- und Erlebenswertes

Deutsches Spielkartenmuseum
→ aD2
Schönbuchstr. 32
Leinfelden-Echterdingen
S1–3 Rohr, U5 Leinfelden
✆ (07 11) 756 01 20
www.spielkartenmuseum.de
Do–Sa 14–17, So/Fei 11–17 Uhr
Eintritt frei
Spielnachmittage für Kinder von
6–12 Jahren an jedem letzten Do
im Monat
Größte Spielkartensammlung
Europas: 14 000 Kartenspiele
und 400 000 fantasievoll gestal-
tete Einzelkarten, darunter Spiel-,
Lehr-, Tarot- und andere Wahrsa-
gekarten aus aller Welt.

Dampflokfahren
Vgl. Sightseeing, Touren S. 89.

Kinderspielstadt Stutengarten
→ C8
Talstraße, Reitstadion Cannstatter
Wasen, Bad Cannstatt
www.stutengarten.de
In den Ferien lernen die kleinen
Schwaben, wie es im richtigen Leben zugeht. Zugereiste können daran teilhaben. Kinder bauen eine
Stadt, sie übernehmen als Politi-
ker, Lehrer, Polizisten, Handwer-
ker oder Müllmänner Aufgaben
und Pflichten. Sie üben, ihre selbst
erzeugten Produkte zu verkaufen
und damit Geld zu verdienen.

**Kindershop Emilia von Gluggen-
burg** → westl. G1
Rötestr. 67
S1–6 Schwabstraße, U4, 9 Schwabstraße, Bebelstraße
✆ (07 11) 93 31 67 59
www.gluggenburg.com
Es ist nicht ganz unbedenklich,
mit dem Nachwuchs hierher zu
kommen – das könnte arg ins
Geld gehen. Denn die Kinder finden sofort Gefallen an Taschen,
Lätzchen, Bettwäsche und vor allem dem Spielzeug. Alles ist hand-

Ein Gorillaweibchen mit ihrem Nachwuchs in der Wilhelma

gefertigt und dementsprechend
ein bisschen teurer.

Märchengarten → aA3
Mömpelgardstr. 28, Ludwigsburg
S4, 5 Ludwigsburg
✆ (071 41) 97 56 50
www.blueba.de
Mitte März–Anfang Nov. tägl.
9–18 Uhr
Eintritt € 7,50/3,60
Im üppig bepflanzten Barockgar-
ten trifft man auf über 40 Wesen
aus Märchen und Fabeln. Auch
interaktives Erleben und Spielen
ist möglich.

Wilhelma → A6
Neckartalstraße, Bad Cannstatt
✆ (07 11) 540 21 37
www.wilhelma.de
Tägl. März und Okt. 8.15–17, April und Sept. 8.15–17.30, Mai–Aug.
8.15–18, Nov.–Feb. 8.15–16 Uhr
Eintritt € 12/8, Abendtarif (März–
Okt.) € 9/4,50, Familienticket € 20
Einer der schönsten zoologisch-
botanischen Gärten Europas mit
knapp 10 000 Tieren von der Seidenspinne bis zum Elefanten und
einem Schaubauernhof. Weltberühmt, vor allem wegen des Jungtieraufzuchthauses. ∎

Erholung und Sport: Mineralbäder, Sport

Sport und Spaß werden in Stuttgart großgeschrieben. In Schwaben liebt man vor allem die natürliche Bewegung, das Laufen. Überall und selbst zu unmöglichen Zeiten sind Jogger unterwegs. Auch Skater sind vermehrt anzutreffen. Der richtige Schwabe besucht die Mineralbäder, das ist eine Frage der Ehre und gesund sowieso. Auch Wellness erfreut sich großer Beliebtheit, zudem gibt es viele Plätze zum Erholen in kleinen grünen Oasen im Stadtgebiet.

Mineralbäder

In Stuttgart kann man kuren wie in keiner anderen deutschen Großstadt. Aus den Quellen sprudeln in den Stadtteilen Cannstatt und Berg täglich 22 Mio. Liter Mineralwasser – ein in dieser Dimension einmaliger Naturschatz in Europa. Drei große Mineralbäder in der Stadt buhlen mit unterschiedlichen Konzepten um die Gunst der Erholungssuchenden.

Ausführliche Info unter www. stuttgart.de/baeder.

Leuze Mineralbad ➡ B7
Am Leuzebad 2–6
U1, 2, 14 Mineralbäder
☎ (07 11) 216 42 10
Tägl. 6–21 Uhr, Mi–Sa 21–23 Uhr
Nacktbadeschwimmen in der Kaltbadehalle
Eintritt € 7,60/3,60 (2 Std.), € 9,80/4,70 (3 Std.), Tageskarte € 14,60/7,20
»Das Leuze«, wie die Stuttgarter sagen, wurde nach Plänen des Künstlers O.H. Hajek als eine Insel der Ruhe gestaltet, reichlich Bewegungsmöglichkeiten inbegriffen. Aber Relaxen steht im Vordergrund. In den Innen- und Außenbecken herrschen unterschiedliche Temperaturen, bis maximal 34 ° C, gespeist werden sie von zwei kohlensäurehaltigen Heilquellen und einer Mineralquelle. Strömungskanal, Wasserfall und Wasserspiele sorgen für Abwechslung. Gut ausgestattet ist der Saunabereich, für dessen Benutzung ein Aufschlag fällig wird. Auch Massagen und Moorbäder kosten extra, sind aber von guter Qualität. Der Deutsche Sauna-Bund hat den Saunabereich mit fünf Sternen als »Sauna-Premium« ausgezeichnet.

Mineralbad Berg ➡ C6
Am Schwanenplatz 9
U1, 2, 14 Mineralbäder
☎ (07 11) 923 65 16
www.bad-berg.de, Mo–Do 6–20, Fr/Sa 6–21, So 6–17 Uhr
Eintritt € 7,10/5,60, Aufpreis Sauna

Eine Insel der Ruhe – das Mineralbad Leuze am Ufer des Neckar

Das Mineralbad Cannstatt

13,30/8,80
Echte »Bergianer« nennen ihren Jungbrunnen das »Neuner«. Es wird bevorzugt von älterer Kundschaft frequentiert, in der warmen Jahreszeit sind aber auch die Jungen da. Ihretwegen sind die Baderegeln dahingehend verändert worden, dass das Tragen einer Badekappe nicht mehr nötig ist. Der hohe Durchlauf an kohlesäurehaltigem Wasser im einzigen privaten Mineralbad der Stadt sorgt dafür, dass das feuchte Nass weder chloriert noch umgewälzt werden muss.

MineralBad Cannstatt ➡ aB3
Sulzerrainstr. 2, Bad Cannstatt
U2 Kursaal
✆ (07 11) 216 92 41
Tägl. 9–21.30 Uhr, Eintritt € 7,10/ 4,80 (2,5 Std.), Tageskarte 10,20, Sauna 13,30 (4 Std.)
Wer beim Mineralschwimmen unterm lichtdurchlässigen Paraboldach oder im Freien gesundheitsfördernd entspannen will, findet hier eine großzügig angelegte Badelandschaft. Bis auf 36 Grad erwärmte Sole und 18 Grad kühles natürliches Mineralwasser speisen die Tauch-, Kalt und Warmbecken der kombinierten Dampfbad-/Saunalandschaft und der Kneippstation. Angeschlossen ist ein Gesundheitszentrum, das u.a. Farblicht- und Aromatherapie anbietet.

Merkelsches Bad ➡ aC4
Mühlstr. 6, Esslingen
S1 Esslingen
✆ (07 11) 390 77 00
www.swe-baeder.de
Mo 13–22, Di–Do 8–22, Fr 8–21 und 21–23, Sa/So 8–21 Uhr
Eintritt € 6 (2,5 Std.), 9,50 mit Wellnessbereich-Benutzung
Der Ausflug zum nicht nach der Bundeskanzlerin benannten Jugendstilbad lohnt sich. Hier wird Badekultur in Thermalwasser zum vernünftigen Preis geboten. Hamam und Treatments wie die Lomi-Lomi-Massage, Goldstaub- und Schoko-Anwendungen gehen extra.

Schwabenquellen ➡ aC2
Plieninger Str. 100, Möhringen
U3 Salzäcker
✆ (07 11) 72 52 53, Anwendungen:
✆ (07 11) 721 10 50

75

www.schwabenquellen.de
Tägl. 10–23.30 Uhr
Eintritt Mo–Fr € 16,90 (2 Std.), jede
weitere halbe Stunde € 1,75, Tageskarte € 30,90; Sa/So/Fei 19,90
(2 Std.), jede weitere halbe Stunde
€ 1,75, Tageskarte € 33,90
Auf einer Fläche von 7000 m² gibt
es eine von Palmen umsäumte
tropische Badelagune, Whirlpools,
Kneippbecken, acht Saunen und
sieben Dampfbäder. Dazu Wellness und Massage. Die gesamte
Anlage ist textilfrei, nur an jedem
ersten Samstag im Monat steht
ein »Textilbadetag« auf dem Programm. Wer gleich im angebau-
ten Hotel übernachten will, kann
dort buchen.

Ayurveda Stuttgart ➡ südl. G3
Bopser Str. 30
U1, 14 Österreichischer Platz
℡ (07 11) 649 11 30
www.ayurveda-stuttgart.de
Hier kann man schöner und gesün-
der werden. Die Beratung beginnt
bei € 25 für eine halbe Stunde, die
Basisbehandlung Abhyanga kos-
tet € 120 und dauert drei Stunden.
Ganzheitliches Wohlbefinden ist
das Ziel der indischen Gesund-
heitslehre. Es geht um Reinigungs-
behandlungen, Pulsdiagnose, Ge-
sichts- und Ganzkörpermassagen
und wohltuende Fußbäder.

Sport

Bowling Arena ➡ aB2
Sportpark 9, Feuerbach
℡ (07 11) 85 07 37
www.bowlingarena.de
Mo–Do 15–23, Fr 15–2, Sa 14–2, So
14–23 Uhr, bis 18 Uhr € 2,80 pro
Person und Spiel, danach € 3,35
Auf einem der größten Bowling-
plätze hierzulande schieben Bun-
desligaprofis, Prominente und
Unbekannte nebeneinander die
Kugel, quer durch sämtliche Gene-
rationen. Mit Musikuntermalung,
Freitag Nacht kommt gar der DJ.

DAV Kletterzentrum ➡ aC3
Friedrich-Strobel-Weg 5, Degerloch
U7, 8 Waldau, U15 Ruhbank
℡ (07 11) 319 58 66
www.kletterzentrum-stuttgart.de
Di, Do, Sa, So 9–23, Mo, Mi, Fr
13–23 Uhr, Eintritt € 13,50
Eine gut gestaltete Outdoor-Anla-
ge auf 2750 m² mit verschiedenen
Schwierigkeitsgraden. Für Anfän-
ger ebenso geeignet wie für Fortgeschrittene. Die ersten beginnen
es mit dem Schnupperklettern und
Sicherheitstechniken unter fach-
kundiger Anleitung, Fortgeschrit-
tenen steht ein umfangreiches
Kursprogramm zur Verfügung.
Die Routen führen bis auf 16 Hö-
henmeter mit Schwierigkeiten bis
zum 10. Grad.

Golf Club Schloss Monrepos ➡ aA3
Monrepos 21, Ludwigsburg
S4 Freiberg (Neckar)
℡ (071 41) 22 00 30
www.golfclub-monrepos.de
Ab € 15 Greenfee auf der öffentlichen 6-Loch-Anlage, € 600 für drei
Monate Schnuppermitgliedschaft
Der schönste Golfplatz im Stuttgarter Raum erstreckt sich vor einem Schloss. Der grüne Sport kann
von Zugereisten über Schnupper-
kurse probiert werden. Wer die
Platzreife anstrebt, besucht einen
Fünf-Wochen-Kurs in der ange-
gliederten Golfschule.

Walken und Joggen
Möglichkeiten dazu gibt es in der
Gegend um das Schloss Solitude,
im Föhrichwald, im Kräherwald
in Stuttgart-West, in Vaihingen
am Katzenbachsee, in Zuffenhausen um die Schlotwiese, auf der
Waldebene Ost, in Degerloch und
im Sportpark Feuerbach. Hier sind
Parcours eingerichtet worden. Am
Bärenschlössle gibt es eine 6 km
lange präparierte Laufstrecke (Bus
91, 92 nach Büsnau, Haltestellen
Forsthaus und Schattengrund).
Weitere Infos unter www.stutt
gart.de. ■

Chronik

Daten zur Stadtgeschichte

Vorzeit	Bereits vor 250 000 Jahren lebten Urmenschen im Gebiet des Neckartals.
800–500 v. Chr.	Indogermanische Völker, vor allem Kelten, siedeln in der Schwäbischen Alb und im Gebiet des heutigen Stuttgart.
1./2. Jh.	Die Römer besetzen die Alb und das Land am oberen Neckar. Es entstehen zahlreiche Kastelle.
Ab 210	Die Alemannen attackieren die Römer, bis sie um 260 aus der Region vertrieben sind.

Eberhard Ludwig von Württemberg

496	Frankenkönig Chlodwig besiegt die Alemannen. Die alemannischen Herzöge unterstehen künftig dem Frankenkönig.
730–746	Endgültige Entmachtung der aufsässigen Alemannen durch die Franken. Die Bezeichnung »alemannisch« verschwindet, an ihre Stelle tritt der Begriff »schwäbisch«.
Um 950	Herzog Luitolf von Schwaben lässt im Talkessel des heutigen Stadtgebiets das Gestüt *stuotgarten* anlegen.
1160	Erste urkundliche Erwähnung Stuttgarts.
13. Jh.	Als den Markgrafen von Baden Stuttgart zufällt, erheben sie es in der ersten Hälfte des Jahrhunderts zur Stadt.
14. Jh.	Der württembergische Graf Eberhard V. lässt eine Fachwerkburg bauen und verlegt seinen Sitz von Beutelsbach nach Stuttgart.

Stiftskirche um 1900, Ansicht von Osten

16. Jh.	Die Fachwerkburg wird zum Alten Schloss umgebaut, in dem sich heute das Württembergische Landesmuseum befindet.
1495–1803	In dieser Zeit ist Stuttgart – mit zweimaliger Unterbrechung – Residenzstadt.
1520–34	Nach dem Ende der Bauernkriege gerät Stuttgart unter österreichische Herrschaft.

1534–68	Einführung der Reformation in Württemberg.
1589	Stuttgart zählt 9000 Einwohner.
1648	Nach dem Dreißigjährigen Krieg hat die Stadt, mittlerweile eine Perle der Renaissance, nur noch 4500 Einwohner und muss großflächige Zerstörungen hinnehmen.
1763	Carl Alexander beginnt im Westen der Stadt auf einer Waldhöhe mit dem Bau des Lustschlosses Solitude, in dem bald darauf die nach ihm benannte Carlsschule eingerichtet wird. Dort war Friedrich Schiller Schüler bis 1780 und schrieb das Drama »Die Räuber«, womit er sich Schwierigkeiten mit der Obrigkeit einhandelte.
1803	Weil Württemberg im Dritten Koalitionskrieg auf Seiten Frankreichs steht, erweitert Napoleon das Königreich Württemberg um das Doppelte und ernennt Stuttgart zu dessen Hauptstadt.
1856	Die erste württembergische Eisenbahn verkehrt zwischen Cannstatt und Esslingen, später bis Ludwigsburg.
Um 1850	Die Stadtentwicklung verläuft rasant, etwa 50 000 Einwohner werden gezählt. Das Stadtbild erhält Neubauten, die es bis heute prägen: Königstraße – heute die längste Fußgängerzone Deutschlands –, Friedrichstraße, Schlossstraße und Neckarstraße. Markante Bauten wie der Königsbau und Kronprinzenpalais am Schlossplatz, die klassizistischen Bauten des Staatsarchivs und des Museums der Bildenden Künste entstehen.

Robert Bosch 1890

19. Jh.	In der zweiten Hälfte des Jahrhunderts bricht für Stuttgart das Zeitalter der Industrialisierung an. Gottlieb Daimler, Wilhelm Maybach und Robert Bosch bringen mit ihren bahnbrechenden Erfindungen, dem ersten schnell laufenden Benzinmotor und der Zündanlage, die weltweite Motorisierung ins Rollen.
1871	Württemberg wird Bundesland des Deutschen Reiches.
1900	Stuttgarts Bevölkerung ist auf 180 000 Einwohner angewachsen. Die Industrialisierung lockt weitere Zuwanderer an.
1918	Stuttgart wird Landeshauptstadt von Württemberg.
1922	Vollendung des Hauptbahnhofs, welcher der Stadt ein modernes Gepräge gibt.
1920er-Jahre	Die Weissenhofsiedlung wird gebaut, eine der ersten modernen großstädtischen Siedlungen mit hohem Wohnwert. Die Pläne dazu lieferten so renommierte

Architekten wie Mies van der Rohe, Peter Behrens, Walter Gropius und Hans Scharoun.

1939 Die Stadtbevölkerung ist auf 450 000 angewachsen.

1940–45 Im Zweiten Weltkrieg werden drei Viertel von Stuttgart durch Bombenangriffe zerstört. Fast alle Residenzbauten werden vernichtet oder stark beschädigt. Bad Cannstatt, Untertürkheim und Feuerbach sind dem Erdboden gleichgemacht. 4477 Stuttgarter haben ihr Leben verloren, doppelt so viele sind verletzt. Am Kriegsende hat Stuttgart nur noch 266 000 Einwohner.

1945 Stuttgart wird Landeshauptstadt von Nordwürttemberg-Nordbaden, ab 1952 Baden-Württemberg.

1996 Höhepunkt des starken Bevölkerungswachstums, vor allem durch Zuwanderung. In Stuttgart leben 565 000 Einwohner, im »Ländle« – dem drittgrößten deutschen Bundesland – 10,2 Millionen Einwohner.

1998–2000 Die Staatsoper Stuttgart wird drei Mal in Folge zum »Opernhaus des Jahres« gewählt.

2001 Eröffnung des Bosch-Areals mit Einrichtungen wie Kino, Fitness-Center und Literaturhaus.

Der lichtdurchflutete Glaskubus des Kunstmuseums Stuttgart

Vielfach ausgezeichnet: die Staatsoper Stuttgart

2005	Mit der Eröffnung des Kunstmuseums Stuttgart findet Stuttgarts bedeutende Kunstsammlung den ihr angemessenen Rahmen.
2006	Nach Abschluss der Instandsetzung des Doppelhauses von Le Corbusier auf dem Gelände der Weissenhofsiedlung wird die linke Haushälfte als Weissenhofmuseum eröffnet.
2007	Am 19. Oktober wird die Neue Messe Stuttgart auf den Fildern eingeweiht.
2008	Im ersten vollen Betriebsjahr finden bereits 68 Messen statt, darunter Highlights wie die CMT, die Didacta und die Retro Classics, und übertreffen die Erwartungen.
2009	Das Stadtparlament beschließt das Projekt »Stuttgart 21« und damit den aufwendigen Umbau des Hauptbahnhofs zu einem unterirdischen Durchgangsbahnhof.
2010	Zehntausende demonstrieren über Wochen gegen »Stuttgart 21«, den Bahnhofsumbau. Sie finden das Projekt verfehlt, zu teuer und ärgern sich darüber, dass die Politiker die Bevölkerung zu wenig in die Entscheidungsprozesse einbezogen haben. ■

Service von A–Z

Anreise

Mit dem Auto
Man erreicht Stuttgart aus allen Richtungen über ein gut ausgebautes Autobahnsystem. Ein neuralgischer Staupunkt ist nach wie vor das Kreuz Leonberg, an dem die A8 und die A11 aufeinander treffen.

Mit der Bahn
Aus sämtlichen Richtungen wird der **Stuttgarter Hauptbahnhof** ➡ E3 von ICE-, IC- und Regionalzügen angefahren. Auskunft unter ✆ 118 61.

Mit dem Flugzeug
Seit dem Aus- und Umbau gilt der **Flughafen Stuttgart** ➡ aD3 vor den Toren der Stadt als einer der modernsten Europas, zudem übersichtlich und mit kurzen Wegen. Er wird vor allem von deutschen Großstädten angeflogen, ist aber auch eingebunden in das Streckennetz internationaler Fluggesellschaften.

Auskunft ✆ (07 11) 948 33 88, www.flughafen-stuttgart.de

S-Bahn-Transfer (Linien S2 und S3) alle 10–20 Min. Die Fahrtzeit vom Hauptbahnhof beträgt 27 Min., Fahrpreis € 2,60.

Chillen beim Kunstmuseum Stuttgart

Stuttgart in Zahlen und Fakten

Trinkwasserspender am Galateabrunnen auf dem Eugensplatz

Alter: 1160 erste urkundliche Erwähnung Stuttgarts

Fläche: 20 731 ha

Lage: Reizvoll zwischen den Flanken des Neckartals gelegen, umgeben von Wald, Wiesen, Äckern und Rebland. Mehrere Flächen im Stadtgebiet sind Naturschutzgebiete. Zwischen dem tiefsten und höchsten Punkt liegen mehr als 300 m.

Einwohner: Mit 590 000 Einwohnern neben Frankfurt am Main und München die drittgrößte Stadt des Landes.

Einwohnerdichte: 2901 Einwohner/km^2

Bevölkerungszusammensetzung: 134 000 Stuttgarter sind Bürger anderer Nationen. Türken bilden mit Abstand die größte Gruppe neben Griechen, Italienern, Kroaten und andere Volksgruppen vom Balkan.

Klima/Temperaturen: Die Kessellage sorgt für ein angenehmes Klima. Der Sommer ist warm, der Winter mild, Frühjahr und Herbst gelten als die schönsten Jahreszeiten. Bei bestimmten Wetterlagen kann es zu Smog kommen.

Bildung: Universität mit rund 18 000 Studenten, eine weitere Universität befindet sich im nahegelegenen Hohenheim. Zahlreiche Hochschulen, etwa für Musik und Darstellende Kunst, Technik, Öffentliche Verwaltung, Druck und Bibliothekswesen. Traditionsreich ist die 1829 gegründete Staatliche Akademie der Bildenden Künste. Lehrer deutscher Waldorfschulen werden zentral an der Berufsakademie des Bundes der Freien Waldorfschulen ausgebildet. Unter den hochrangigen Instituten rangieren zwei Max-Planck-Institute und sechs Institute der Fraunhofer-Gesellschaft. Die deutschen Psychologen haben in Stuttgart das renommierte Institut für Psychotherapie und Tiefenpsychologie.

Wirtschaft: Stuttgart und seine Umgebung sind die exportstärkste Region Deutschlands, vor allem für Fahrzeuge und Maschinen, aber auch Produkte der Elektro- und Elektronikindustrie. Zugleich ist die Stadt ein Medienzentrum mit rund 130 Verlagen und Medienhäusern.

Tourismus: Das Mineralwasservorkommen ist das größte Europas nach Budapest. Aus insgesamt 19 Bohrbrunnen und zahlreichen wilden Austritten strömen rund 300 Liter mineralhaltiges Wasser pro Sekunde. Das ausgeprägte Badewesen zieht viele Besucher und Gesundheitstouristen an. Auch die kulturellen und Shoppingangebote machen Stuttgart zu einem Touristenmagnet.

Auskunft

Stuttgart-Marketing GmbH ➡ E3
Lautenschlagerstr. 3
70173 Stuttgart
℡ (07 11) 222 80
Fax (07 11) 222 82 17
www.stuttgart-tourist.de
Offizieller Touristikpartner der
Landeshauptstadt. Man kümmert
sich um Hotelzimmer-Vermittlung,
Organisation von Stadtrundfahrten und Rundgängen, Gästebe-
treuung und Stadtführer-Vermitt-
lung, Planung von individuellen
Programmen, Kartenvorverkauf,
attraktive Pauschalarrangements.
Hier nur Anfragen, Publikumsver-
kehr in der Tourist-Information
i-Punkt (s.u.).

Das Pauschalangebot **Stuttgart
Reisen** ist ein unkompliziertes Bau-
kastensystem, das schnelles Buchen zielgerecht nach Interessen-
lage ermöglicht. Grundstein ist ein
Basisangebot mit Übernachtung,
Frühstück, Begrüßungscocktail,
Stadtplan und Stadtführer; zahlreiche Hotels, ganz überwiegend
in der Innenstadt, sind daran
beteiligt. Dazubuchen kann der
Besucher je ein Angebot aus folgenden Bereichen: Stadtführung
(Sehenswertes Stuttgart, Histo-
risches Stuttgart, Stäfflestour,
Nachtspaziergang, Weinerlebnis-
tour, Baustellenbesichtigung u. a.),
Musicals, Museen und Ausstellungen, Shopping und Familie, Sport,
Feste (z. B. eine geführte Tour über
den Weihnachtsmarkt).

Der Preis hängt von der Wahl
des Hotels (Luxus-, First Class-,
Komfort- und Standard-Katego-
rie) ab. Die Preise liegen in der
Komfort-Kategorie zwischen € 75
und 100.

Tourist Information i-Punkt ➡ E3
Königstr. 1a, gegenüber vom
Hauptbahnhof
70173 Stuttgart
℡ (07 11) 222 82 41
Fax (07 11) 222 81 53

www.stuttgart-tourist.de
Mo–Fr 9–20, Sa 9–18, So 11–18 Uhr
Kartenvorverkauf ℡ (07 11) 222 82
43, Mo–Fr 9–20, Sa 9–16 Uhr
Neben allgemeinen Informationen auch Organisation von Stadtrundfahrten, Zimmervermittlung,
Kartenservice, Betreuung von
Gruppen und Individualreisenden.
Kostenloser Fahrplan für den Nah-
verkehr inklusive der Nachtbusli-
nien. Außerdem gibt es hier die
StuttCard und **StuttCard plus**. Sie
kosten € 9 bzw. € 18 und bieten
neben der dreitägigen Benutzung
der Nahverkehrsmittel (VVS-3-Ta-
ges-Ticket) weitere Vorteile, wie
etwa freien Eintritt in Museen
oder Ermäßigungen bei Erlebnis-
angeboten.

**Tourismusverband Baden-Würt-
temberg** ➡ G3
Esslinger Str. 8, 70182 Stuttgart
℡ (07 11) 23 85 80
www.tourismus-bw.de
Eine hilfreiche Anlaufstelle für alle, die auch Regionen außerhalb
des Stadtgebiets erkunden wollen.

**Regio Stuttgart Marketing und
Tourismus GmbH**
Postfach 10 44 36
70039 Stuttgart
℡ (07 11) 22 28 01
Fax (07 11) 22 28 217
Zusammenschluss der 21 umlie-
genden Städte und Gemeinden.
Das Unternehmen ist auf den
Kongress- und Tagungstourismus
spezialisiert und gibt einen regel-
mäßig aktualisierten »Kongress-
und Tagungsführer« sowie ein
Hotelverzeichnis heraus.

Feste, Veranstaltungen, Messen

Feste und Veranstaltungen:

Januar
CMT – Internationale Ausstellung
für Caravan, Motor und Touristik

Sommerfest vor der Staatsoper, dem ehemaligen Königlichen Hoftheater

auf dem Killesberg.
Hofbräu-Sechs-Tage-Rennen – Das Rad-Event in der Schleyerhalle.
Stuttgarter Filmwinter – International angesehenes Off-Filmfest im Filmhaus.
Stuttgarter Antiquariatsmesse – Der Höhepunkt für Käufer von Büchern, Autografen und Grafiken am Rotebühlplatz (www.treffpunkt-rotebuehlplatz.de).
Stuttgart Open Fair – Ein von Initiativen aus der Region gestaltetes Festival für eine gerechtere Welt, mit Weltstattmarkt und Workshops (www.stuttgart-open-fair.de).
Februar
Leonberger Pferdemarkt – Größtes Pferdefest mit vielen Rahmenveranstaltungen und viel Spaß für Kinder.
Fastnachtsumzug Stuttgart – Am Faschingsdienstag werden in der Innenstadt die Narren losgelassen.
März/April
Lange Nacht der Museen – Mehr als 90 Kulturinstitutionen machen die Nacht zum Tag mit Konzerten, Vorstellungen, Ausstellungen, Führungen und Partys.

Internationales Trickfilm-Festival – Es findet jedes zweite Jahr mit gerader Zahl statt(www.itfs.de).
Ende April/Anfang Mai
Stuttgarter Frühlingsfest – Volksfest auf dem Cannstatter Wasen.
Mai
Kleintheatertage Baden-Württemberg – »Festival der kleinen Bühnen« alle zwei Jahre auf mehreren Bühnen der Stadt.
Stuttgarter Pferdemarkt – Ein Fest für Familien und Pferdenarren mit Kunstreiten, Pferdeschauen und Kutschenturnieren auf dem Cannstatter Wasen.
Juli
Hamburger Fischmarkt auf dem Karlsplatz – Fischspezialitäten und Hafenlieder sorgen für eine norddeutsche Atmosphäre.
Lichterfest im Höhenpark Killesberg – Das größte Feuerwerk, das über die Stadt nieder geht.
Hip Hop Open – Gigantisches Festival junger Musik im Reitstadion Cannstatt.
August/September
Sommerfest auf dem Schlossplatz – Großes, mehrtägiges Stadtfest rund um den Theatersee.

Das Stuttgarter Weindorf lädt ein zu schwäbischer Wein-, Ess- und Lebenskultur

Stuttgarter Weindorf – Es wird zwischen Markt- und Schillerplatz gebaut. Ein kulinarisches Erlebnis für Liebhaber guter Tropfen und herzhaften Essens. In über 120 Lauben werden württembergische Weine ausgeschenkt.

Europäisches Musikfest Stuttgart – Das legendäre Festival der Internationalen Bachakademie mit Konzerten und Vorträgen findet in der Liederhalle statt.

Herbstflohmark – An einem Sonntag Mitte September. In der gesamten Innenstadt gibt es Trödel und Tauschgeschäfte.

September/Oktober

Cannstatter Volksfest auf dem Wasen – Ursprünglich 1818 als Erntedankfest zum ersten Mal gefeiert, hat es sich zum weltweit zweitgrößten Volksfest entwickelt. Sein Wahrzeichen ist die 24 m hohe Fruchtsäule. Die größte transportable Wildwasserbahn, das Riesenrad und das Kettenkarussell begeistern jedes Jahr Millionen Besucher.

Oktober

Porsche Tennis-Grand Prix – Damentennis in Filderstadt.

Kulturnacht – Das Pendant zur Langen Nacht der Museen.

Etwas für Romantiker: Kettenkarussell auf dem Cannstatter Wasen

Filderkrautfest – Ein Fest des Kohls in Leinfelden und Echterdingen.

November/Dezember

Stuttgarter Buchwochen – Die Stadt ist ein traditionsreicher Verlagsort, mehr als 150 Buchhäuser haben hier ihren Sitz und präsentieren ihr Angebot, unter anderem mit Lesungen.

German Masters – Internationales Reit- und Springturnier in der Schleyerhalle.

Mitte November–Mitte Dezember und ab Mitte Januar

Besenzeit – Die fünfte Jahreszeit der Schwaben. Zwei Monate lang öffnen die Besenwirtschaften, benannt nach dem Reisigzweig (Besen), der samt roter Lampe herausgehängt wird, wenn geöffnet ist. Hier gibt es jungen, leichten Wein und deftiges Essen zu günstigen Preisen. Im Besen ist immer Platz, auch wenn es keinen gibt – man rückt einfach zusammen. Ortsteile mit höchster Besendichte sind Unter- und Obertürkheim, Rotenberg und Uhlbach.

Dezember

Weihnachtsmarkt – Zwischen Markt- und Schillerplatz gilt er als einer der größten und stimmungsvollsten Europas. Adventskonzerte im Innenhof des Alten Schlosses. Kinderland auf dem Schlossplatz. Mo–Sa 10–19.30 Uhr.

Messen:

Stuttgarts hart umkämpfte, 2008 vollendete **Neue Messe** ➡ aD3 war jahrelang Europas größte Baustelle. Die von den Architekten Wulf & Partner gestaltete Fläche auf den Fildern, mit Autobahnanschluss und in Flughafennähe, überzeugt Aussteller und Skeptiker. Seitdem »Tatort«-Kommissar Bienzle einen Mörder über die Baustelle jagte, ist die Neue Messe auch dem Fernsehpublikum bekannt.

Das Brückenparkhaus spannt sich mit zwei riesigen Fingern und

begrüntem Dach komplett über die A8. Die beschwingte Form der Messehallen ergibt sich aus den selten anzutreffenden Hängedächern, konkaven, durchhängenden Dachflächen, die besonders materialsparend sind, da der Stahl bereitwillig Zugkräfte aufnimmt, so dass man mit weit weniger Querschnitten auskam. Das bedingt auch eine günstige Energiebilanz durch Schichtlüftung und -heizung. Schon aus dem sinkenden Flugzeug zeigt sich die schimmernde Dachgartenfläche in futuristischer Bauweise.

Landesmesse Stuttgart
Messepiazza 1
70629 Stuttgart
S2 oder S3 in Richtung Flughafen (Filderstadt)/Messe Stuttgart
www.messe-stuttgart.de
Das Messegelände befindet sich nahe dem Flughafen Stuttgart-Echterdingen, etwa 13 km von der Innenstadt entfernt.
Der Zuwachs bei den Messen liegt bei über 30 %. Führende Veranstaltungen sind:

Reisemesse CMT – Internationale Ausstellung für Caravan, Motor, Touristik, jährlich im Januar
Leitmesse R+T (Rollladen und Tore), dreijährlich Feb./März, nächster Termin 2012
Winzerschau Invervitis/Interfructa – Internationale Technologiemesse für Wein, Obst, Fruchtsaft und Spirituosen, dreijährlich im April, nächster Termin 2013
Positionale – Internationale Fachmesse für Satellitenpositionierung, Navigation und Telematik. 30 neue Messethemen bietet Stuttgart, besonders im Hightech und IT & Business.

Hinweise für Menschen mit Behinderung

In der Tourist-Information i-Punkt (vgl. auch S. 84) liegt die Broschüre »Stuttgart barrierefrei – Kunst und Kultur barrierefrei erleben« aus, in der behindertengerechte Einrichtungen aufgeführt sind. Weitere Informationen zu Sehenswürdigkeiten, Hotels, Kultur und Verkehr erhält man unter ✆ (07 11) 222 82 40 oder der Info-Hotline ✆ (07 11) 222 80.

Internet

www.stuttgart.de – Homepage der Stadt
www.stuttgart-tourist.de – Website der Stuttgart Marketing GmbH
www.stgt.com – Stadtinformationen sowie Hotel- und Gastroguide
www.stgt.de – Stadtinformationen von Net-Stuttgart
www.stuttgart-virtuell.de – Stadtinformation zu Kunst und Kultur, Gastronomie etc.
www.lift-online.de – Website des Stadtmagazins »Lift« mit Informationen zu Stuttgart und Umgebung.

Die Websites der Zeitungen »Stuttgarter Zeitung« und »Stuttgarter Nachrichten« sowie von »Sonntag Aktuell« präsentieren aktuelle Veranstaltungstipps.

Notfälle, wichtige Rufnummern

Vorwahl Stuttgart ✆ 07 11

Notruf ✆ 112
Sperr-Notruf (ec-/Kreditkarten/Handys) ✆ 11 61 16 oder 30 40 50 40 50
ADAC ✆ 018 02-22 22 22
Ärztebereitschaft ✆ (07 11) 262 80 12
Bahnauskunft ✆ 118 61
DRK-Rettungsdienst ✆ (07 11) 192 22
Flugauskunft ✆ (07 11) 948 33 88
Fundbüro ✆ (07 11) 216 20 16
Fundbüro Flughafen ✆ (07 11) 948 33 55
Mitfahrzentrale Stuttgart-West ✆ (07 11) 194 48, 636 80 36
Mitfahrzentrale Stuttgart-Süd ✆ (07 11) 194 40, 60 36 06
Taxi-Zentrale ✆ 194 10
Verkehrsverbund Stuttgart (VVS) ✆ (07 11) 194 49
Zahnärztlicher Bereitschaftsdienst ✆ (07 11) 787 77 11

Presse

Die beiden Tageszeitungen von überregionaler Bedeutung mit gleichzeitigem Schwerpunkt Lokalberichterstattung sind die *Stuttgarter Zeitung* (www.stuttgarter-zeitung.de) und die *Stuttgarter Nachrichten* (www.stuttgarter-nachrichten.de). Als Sonntagszeitung empfiehlt sich *Sonntag Aktuell* (www.sonntag-aktuell.de). Über Veranstaltungen und das Nachtleben informieren die Stadtmagazine *Prinz* (www. prinz.de) und *Lift* (www.lift-online.de).

Sightseeing, Touren

Das Angebot an Stadtrundfahrten und -gängen ist vielfältig. Die Rundfahrten beginnen und enden vor dem Hotel am Schlossgarten, Schillerstr. 23 (gegenüber dem Hauptbahnhof). Auskünfte und Tickets im i-Punkt, ✆ (07 11) 222 82 59.

Touren:

Sternwarte
Zur Uhlandshöhe 41
✆ (07 11) 28 18 71
Mo, Mi–Sa 22, Frühjahr/Herbst 21, Winter 20 Uhr
Der Besuch ist nur sinnvoll bei klarem Himmel. Die Führung endet am Teleskop, das einen Blick ins All ermöglicht. Mitunter gibt es Sonderführungen, etwa bei Mondfinsternis, sogar um 3 Uhr.

Dampflokfahren ➔ E3
Hauptbahnhof
Info ✆ (07 11) 44 67 06
www.ges.ev.de
Interessant für erwachsene Puf-ferküsser und auch für Kinder und Jugendliche ist die Fahrt mit historischen Dampfloks vom Stuttgarter Hauptbahnhof in die nähere Umgebung der Stadt. Die Waggons werden von alten, mächtige Qualmwolken produzierenden Dampfloks gezogen. Weitere Gleisfahrten: **Panorama-bahn-Express** von Stuttgart-Hbf. nach Stuttgart-Vaihingen, Mai–Okt. jeden 2. So im Monat. Der Blick über den Talkessel ist faszinierend.

Der **Feurige Elias** fährt von Korntal bei Stuttgart nach Weissach, vom Mai–Ende Sept., jeweils am 1. So im Monat, zusätzlich am 1. So im Dezember.

Der Museums-Dampfzug **Sofazügle** bedient die Strecke von Nürtingen nach Neuffen, mit Busanschluss zum Freilichtmuseum Beuren. Mai–Okt. jeden 3. So und zusätzlich am 3. Advent. Der historische Stadtkern von Nürtingen ist unbedingt eine Besichtigung wert. Im Restaurationswagen des historischen Zuges gibt es Erfrischungen.

Herbstidylle am Max-Eyth-See direkt am Neckar

Sprachhilfen für das Schwäbische

Der Schwabe, wer ist das? Manche glauben, es gibt ihn gar nicht, er sei nur eine Erfindung des Schwäbischen Albvereins. Für Franzosen, Italiener oder Bewohner des Balkans ist jeder Deutsche schwäbischer Abstammung, denn der Begriff »Schwob« ist ein Synonym für Arbeitswillen, Tüftlerfreude, Sparsamkeit und Schaffe-schaffe-Häusle-baue-Mentalität. Die typisch schwäbische Existenz verläuft angeblich zwischen Doppelhaushälfte und Jahreswagen »vom Daimler«.

Die Sprache ist der ureigene Kosmos der Schwaben. Hier ist und bleibt er ganz unter seinesgleichen. Wie es der Mundartdichter August Reiff zu Papier brachte: »Uffrichtig und gradaus,/ Guetmütig bis dort naus,/ Wenn's sei muss, au saugrob,/ Des ischt der Schwob.« Zeitgemäß ausgedrückt: »Wir können alles – außer Hochdeutsch«, prahlt die Ländle-Werbung.

Aufgrund mancherlei Mythen ist der legendäre Schwabe geizig, kehrwütig und nährt sich hauptsächlich von selbst geschabten Spätzle. Wie seine Küche ist die Schwaben Sprache maultäuschlich und brezelhaft. Er spricht einen Dialekt, der seine Zuhörer vor viele Fragen stellt: Sie wissen nicht, ob sie ernst genommen oder veralbert werden.

Hosch (hast du) und *Gosch* (gehst du) benutzt der Schwabe von Kindheitsbeinen an. *Allaweil isch au et guat*, beruhigt er sich, wenn er in der Ferne weilt. Und ist er mit einer Gruppe unterwegs, spricht er von einer *Hocketse*, wenn diese Menschen denn manchmal zusammen hocken. Will er sich Mut zusprechen, redet er sich ein: *Ons kraut vor nix!* Dennoch bleibt es ein *Chösle*, sich außerhalb der vertrauten Sprachgrenzen durchschlagen zu müssen. Durch seine Sprache verrät sich der Schwabe am meisten. Zwar gibt es Lästerzungen, die den Südwestdeutschen so manches andichten: Sie seien nicht nur sparsam, sondern extrem geizig, weshalb sie den Bier-Unterteller erfunden hätten, in dem übergelaufenes Bier für den Nachtrunk gesammelt wird; oder den abschließenden *Mosthahn* für das *Fässle* im heimischen Keller.

Eigenheiten gibt es in vielen Dialekten. Das Schwäbische aber ist einmalig, hängt es doch an nahezu jedes Substantiv die Diminutiv-Endung -le an, miniaturisiert damit das Böse in der Welt und dosiert es quasi homöopathisch, um gegen jegliche Unbill des Lebens zumindest verbal gefeit zu sein. Der Schlaganfall des Großvaters ist eben nur ein *Schlägle*, packt einen die Verliebtheit und Leidenschaft, ist es das *Herzle*, und brennt nach einem fulminanten Gewitter das Haus ab, war es a *Blitzle*. Der Schwabe ist im wirklichen Leben ein Mensch wie jeder andere – sprachlich aber ist er in jeder Hinsicht ein Sonderfall. Nur wer seine Sprache zu verstehen versucht, ergründet sein Wesen. Der Schwabe neigt zum Verniedlichen der Dinge des Lebens. Nichts ist groß genug, um nicht klein gemacht zu werden. *No wahrle?*

Bei den Schwaben liegen Gottesfurcht und Geschäftssinn, Wolkenschau und *Brettlesbohren*, Fernweh und Heimatstolz dicht beieinander. Steht dem Schwaben eine große Aufgabe bevor, beruhigt er sich selbst: *I moin, des kann ja net so schwierig sei*. Kommt er irgendwo zu spät, entschuldigt er sich folgendermaßen: *No nix narret's, wenn's pressiert*. Versucht er, etwas aufzuschieben, weil es ihm lästig ist, mault er: *Ja, brauchet Se des überhaupt? Ha, da isch doch nix dra verdient, des woiß i jetzt net, wann ich da dazu komm!* Wird er gehänselt mit dem Vorurteil *Der Schwabe wird mit vierzig gscheit*, reagiert er belustigt mit dem Zusatz: *Die anderen net in Ewigkeit!* Und findet er beim anderen Geschlecht Anklang, murmelt er zufrieden: *Des hobsch zu Lebzeite am liebschte! Auch a Grond zum Feira* findet sich natürlich immer wieder.

Fühlt sich der *Sauschwob* allerdings von den Gefühlen anderer unter Druck gesetzt, setzt er seinen Dialekt massiv als Abwehr ein. Der in Bad Cannstatt geborene Schriftsteller Thaddäus Troll, der seine Landsleute kannte wie kaum ein anderer, erzählt in einer seiner Geschichten: »Als der liebe Gott einmal spazieren ging, sah er am Wegrand einen weinenden Mann sitzen. Worom heulsch?, fragte er den Bekümmerten. Weil i a Schwob ben, wehklagte dieser. Da antwortete der Allmächtige: Do kann i dir au net helfa.«

Verkehrsmittel

Stuttgarts Nahverkehrssystem VVS ist optimal. Die meisten Sehenswürdigkeiten liegen zentral und sind fußläufig erreichbar.

U- und S-Bahn, Straßenbahnen und Busse fahren in regelmäßigen Abständen; Fahrkarten gibt es am Automaten. Der **Stuttgarter Flughafen**, 14 km südlich der Stadt, ist mit der S2 bzw. S3 vom Hauptbahnhof direkt zu erreichen.

Hotelgäste, Kongress- und Tagungsteilnehmer sowie Touristen können das VVS-3-Tage-Ticket erwerben (€ 10,30) und damit jedes Nahverkehrsmittel benutzen. Die zweite Ticketversion (€ 13,90) ist für das gesamte Verkehrsnetz in der Region 72 Stunden gültig.

Von Bad Cannstatt wird die Neckar-Personenschifffahrt betrieben. Hafen- und Flussrundfahrten. Spezialarrangements, wie ganztägige Ausflugsfahrten oder Abendfahrten mit Tanz, können gebucht werden unter ℰ (07 11) 54 99 70 60, www.neckarkaeptn.de. Großes Parkhaus vorhanden.

Verkehrsverbund Stuttgart (VVS)
ℰ (07 11) 194 49, www.vvs.de
Regional Bus Stuttgart (RBS)
ℰ (07 11) 66 60 70 ■

Weihnachtsmarkt auf dem Schillerplatz mit dem Schillerdenkmal von Bertel Thorvaldsen und der Stiftskirche als Kulisse

Go Vista

CITY & INFO GUIDES
Setzen Sie auf die richtige Karte

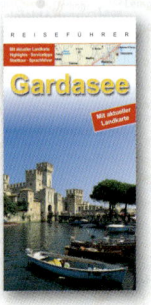

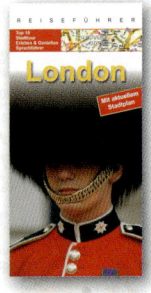

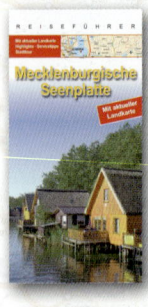

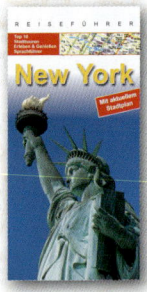

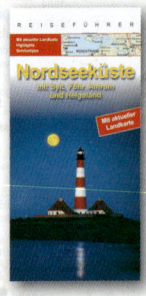

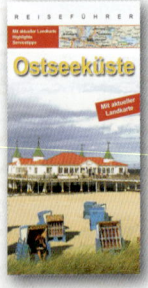

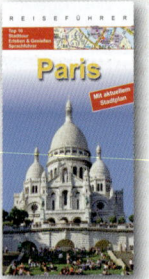

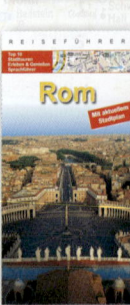

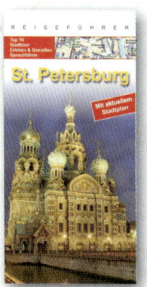

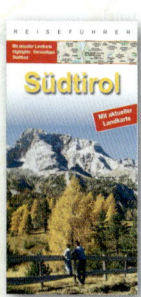
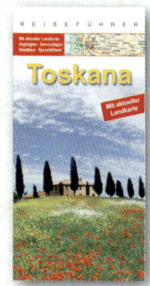

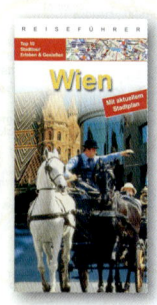

- 96 Seiten mit den Highlights der Reiseregion oder der Stadt: Orte, Landschaften, Museen, Architektur, Plätze und Parks

- Viele Serviceadressen und Tipps

- Sprachführer und Register

- Augenweide: aktuelle, erstklassige Farbfotos

- Ideales Format: so schmal, dass es in jede Tasche passt (10,5 x 21 cm)

- Der Stadtplan der City Guides mit allen Details, natürlich mit Straßenregister und einem Verkehrsnetzplan; die beschriebenen Sehenswürdigkeiten sind durch rote Sternchen markiert

- Die detaillierte Landkarte der Info Guides mit Stadtplänen und Register

Bildnachweis

Auto & Technik Museum Sinsheim: S. 19
Badenweiler Thermen und Touristik GmbH/Ingeborg Lehmann, St. Märgen: S. 24
Robert Bosch Stiftung/Robert Bosch GmbH, Stuttgart: S. 79
Daimler AG, Stuttgart: S. 2 o. r., 6 Mitte, 34, 35
Festspielhaus Baden-Baden: S. 23
Fotolia/dv76: S. 13; Jürgen Effner: S. 2 o. Mitte, 10; Falk E.: S. 83; Lool: S. 41 u.; Max: S. 71; S. Mohr Photography: S. 7 l.; Esther Wagner: S. 41 o.
Ralf Freyer, Freiburg i. Br.: S. 17
iStockphoto/Archives: S. 77; Cardoni Gianluca: Schmutztitel (S. 1); Salih Külcü: S. 39; Rainer Langeneck: S. 50; Prill Mediendesign & Fotografie: S. 33 o.; Joerg Reimann: S. 21; Slobo: S. 12 o.; Manuela Weschke: S. 44; Rolf Weschke: S. 3 o. Mitte, 42, 48, 59
KMK Karlsruher Messe- und Kongress-GmbH: S. 25
Kunstmuseum Stuttgart/Gonzalez: S. 80
Pixelio/Roberta M.: S. 89; Memephoto: S. 31 u.
Restaurant Wielandshöhe - Vincent Klink, Stuttgart: S. 53
Schmuckwelten Pforzheim: S. 27
Stuttgart-Marketing GmbH: S. 2 o. l., 3 o. l., 3 o. r., 3 u., 4/5, 6 o., 6 u., 7 r., 9, 11, 12 u., 15, 16, 18, 28, 33 u., 36 u., 37 u., 40, 45, 46, 47, 52 o., 52 u., 54, 56, 57, 60, 62, 63, 65, 66, 67, 68, 69, 74, 75, 80/81, 82, 85, 86 u., 87, 91
Vista Point Verlag (Archiv), Köln: S. 8, 14, 29, 30, 31 o., 32, 37 o., 78 o., 78 u.
Wikipedia/Felix König: S. 43; Andreas Praefcke: S. 38; Rudolf Simon: S. 36 o.
Wilhelma, Stuttgart: S. 49, 73

Schmutztitel (S. 1): Der goldenen Hirsch auf dem Kunstgebäude
Seite 2/3 (v. l. n. r.): Hauptbahnhof, Neues Schloss und Schlossbrunnen, Mercedes-Benz Museum, Neue Staatsgalerie, Grabkapelle auf dem Württemberg, Schloss Solitude, Weinanbau in Stuttgart (S. 3 u.)
Seite 6/7: Neues Schloss und Schlossbrunnen (S. 6 o.), Mercedes-Benz Museum (S. 6 Mitte), Leoparden in der Wilhelma (S. 6 u.), Schloss Solitude (S. 6 l.), Weissenhofsiedlung (S. 7 r.)

© 2011 Vista Point Verlag, Köln
Alle Rechte vorbehalten
Verlegerische Leitung: Andreas Schulz
Reihenkonzeption: Vista Point-Team
Bildredaktion: Andrea Herfurth-Schindler
Textredaktion: Kristina Linke
Lektorat: Christiane Mahlberg
Layout und Herstellung: Sandra Penno-Vesper, Susanne Heidbüchel
Reproduktionen: Henning Rohm, Köln
Kartographie: Berndtson & Berndtson Productions GmbH, Fürstenfeldbruck, und Kartographie Huber, München
Gedruckt auf chlorfrei gebleichtem Papier

ISBN 978-3-86871-544-6

An unsere Leser!
Die Informationen dieses Buches wurden gewissenhaft recherchiert und von der Verlagsredaktion sorgfältig überprüft. Nichtsdestoweniger sind inhaltliche Fehler nicht immer zu vermeiden. Für Ihre Korrekturen und Ergänzungsvorschläge sind wir daher dankbar.

VISTA POINT VERLAG
Händelstr. 25–29 · 50674 Köln · Postfach 270572 · 50511 Köln
Telefon: 02 21/92 16 13-0 · Fax: 02 21/92 16 13-14
www.vistapoint.de · info@vistapoint.de